ein Ullstein Buch

Vom selben Autor
in der Reihe der
Ullstein Bücher:

Als Vaters Bart noch rot war (382)
Auf Tauchstation (2939)
Was ich für mein Leben gern tue (3126)
Ich brauch Dich (3439)

Ullstein Buch Nr. 3349
im Verlag Ullstein GmbH,
Frankfurt/M – Berlin – Wien

Ungekürzte Ausgabe

Umschlagentwurf:
Hansbernd Lindemann

Printed in Germany 1978
Gesamtherstellung:
Ebner, Ulm
ISBN 3 548 03349 0

CIP-Kurztitelaufnahme der
Deutschen Bibliothek

Schnurre, Wolfdietrich

Ich frag ja bloß: Kinder unter sich –
Ungekürzte Ausg. –
Frankfurt/M, Berlin, Wien:
Ullstein, 1977.
(Ullstein-Bücher; Nr. 3349)
ISBN 3-548-03349-0

Wolfdietrich Schnurre

Ich frag ja bloß

Kinder unter sich

ein Ullstein Buch

Für
Marina und Nenad

Inhalt

I

Im Kindergarten

Gib den Klotz her!
Das is meiner.
Ich brauch n für mein Haus.
Ich brauch n, weil er so blau is.
Blau is kein Grund.
'n Haus auch nich.
Klar; kannst drin wohnen.
Von Blau kannste träumen.
Von nem Haus auch.
Was baust n dir dann extra noch eins?
Na, hast ja auch extra den Klotz!
Den hab ich geträumt.

Angebot und Leistung

Wenn du artig bist, bring ich dir auch was Schönes mit.
Kannste dich nich n Zahn genauer ausdrücken?
Wie meinst du das?
Na, muß doch wissen, ob ich ganz doll oder bloß n bißchen artig sein soll.
Und wonach richtet sich das?
Ob de mir ne Raketenabschußrampe oder bloß n Dauerlutscher spendierst.

Ratlos

Macht, det ihr vonne Mülleimer wechkommt!
  Wat wolln Se n, Frau; wir spieln doch bloß.
Det is n Hof. Der is für Leute.
  Un wat is für Kinder?
Wo keene Leute nich sind.
  Und wo sind keene nich?
Wie soll ick n det wissen?
  Det wissen wa ooch nich.

Eine Entdeckung

Also, bin ja entsetzt!
  Weil ich ma Pi machen muß?
Aber kannst dich doch nicht einfach so an den Rinnstein hinhocken!
  Wieso kann ich das nich?
Na, weil sich das nicht gehört! Wenn das nun alle kleinen Mädchen so machten?
  Brauchten se auf jeden Fall nich immer erst extra zu klingeln.
Aber verstehst du denn nicht? Es geht doch hier nicht um praktische Dinge!
  Nanu. Und warum tun s dann die Jungen?
Was.
  Pi machen am Rinnstein.
Aber das ist doch ganz was andres!
  Ach. Dann gibt s zweierlei Pi?

Einladung

Kommste mit runter?
  Soll ich n da?
Na, spieln!
  Mang die Autos schon wieder?
Nee. Ham n neuen Parkplatz gebaut.
  Wo issen der?
Wo die Spielwiese war.

Ruhe

Stirbste bald, Oma?
  Um Gottes willen, wie kommst du denn darauf?
Weil de so alt aussiehst.
  Ich bin ein bißchen älter als andre Menschen; wenn du das meinst.
Nee, das mein ich nich. Ich mein, du bist schrumplig.
  Ich bin was?
Schrumplig. Wie n Appel, der wo zu lange liegt.
  Äpfel, die lange liegen, schmecken süßer als die, die man gleich ißt.
Die, wo i c h kenn, warn matschig und schimmlig.
  Schön, es gibt Ausnahmen. Das liegt dann an der schlechten Lagerung.
Du liegst ziemlich mies, was?
  Ich schlaf schlecht, das ist wahr.
Siehste. Aber das wird anders.
  Du bist ja ein ganz Kluger. Wann denn?
Wenn de erst tot bist. Da liegste wie ne Eins, wetten?
  So soll man nicht sprechen.
Wieso n nich? Der Paster, der redt doch auch so.
  Wie redet der.
Hier liegt der Soundso; nu ruht er in ewigem Frieden.
  Das hat nichts damit zu tun.
Ruhe is Ruhe, stimmts.
  Darum geht es hier nicht.

Worum denn?

Ewig, das ist ganz was andres.

Wieso kann er ewig ruhn, wenn ewig was andres is?

Ewig ist was andres, als nur ein paar Stunden. Ewig ist immer.

Ich denk, du schläfst immer schlecht.

Ja, meistens.

Wenn du immer schlecht schläfst, wieso kannste dann nich ewig gut ruhn?

Ewig gut ruhn, das kann jeder.

Und wieso kannst d u s nich?

Ich kann s bestimmt auch.

Und warum beschwerste dich dann?

Auf dem Nachhauseweg

Und denn?

Ham wa sonne blöden Spiele gemacht: Inne Hocke, und hinter'nander hergehopst.

Und die Kindergärtnerin?

Immer dazu inne Hände geklatscht.

Schmeißt ein ja um.

Wie war s n bei euch?

Sonne blöde Geschichte erzählt gekricht: Kappetalist will nich, daß de Arbeiter mitbestimm tun. Dafür enteignen se n nu.

Doch n alter Hut.

Ga kein Ausdruck.

Beste, ma bleibt zu Hause und amesürt sich allein.

Sag ich doch immer.

Ausgang

Hast du gebetet?
  Heut nich.
Heute nicht?
  Nee.
Und warum nicht?
  Heut isser nich da.
Wer.
  Der liebe Gott.
Nanu.
  Na, is doch Sonntag!

Geschenkt

Schöne Schippe.
  Nich, findste auch?
Wo hast n die her?
  Geburtztach.
Is ne Gebrauchsanweisung mit bei?
  Wofür n das?
Na, wo willst n buddeln mit der?
  Vielleicht auf m Hof.
Is Spieln verboten.
  Geh ich auffe Wiese im Park.
Darfste nich rauf.
  Denn im Sandkasten eben.
Biste zu groß für.
  Denn auf m Sportplatz.
Biste in n Verein?
  Schipp ich eben die Hundeknödel weg vonne Straße.
Haste da ne Arbeitsbewilligung für?
  Mensch, aber ich h a b se doch nu mal, die Schippe!
Das isses ja, das Problem.

Am Strand

Was hast n da vorn?
  Wo?
Mang deine Beine.
  Das is so.
Nee.
  Wieso nee?
Na, kuck doch bei mir.
  Da isses anders.
Du meinst: Da is mehr.
  Ja.
Siehste.
  Wo hast n das her?
Von mei'm Papp.
  Und warum hab ich s nich?
Vielleicht nich gereicht.
  Is aber gemein.
Die Welt is so.
  Schweinerei. Einfach n Loch.
Schämste dich?
  Na, wo doch was fehlt!
Meine Mamma stoppt s zu.
  Mit was n?
Mit mei'm Papp seins.
  Is aber nett.
Könn s ja auch ma versuchen.
  Meinste?
Na, eh daß de dich schämst –
  Schön. Denn gib s her.
Nee, das bleibt dran.
  Na, wie lauf ich n dann?
Ga nich. Meine Mamma, die lecht sich hin.
  So auffe Erde?
Nee, auf n Rücken.
  Und denn?
Denn tut er s rein.
  Und wenn se einkaufen muß?
Wieder raus.

Gefällt mir nich.
Wieso denn nich?
Bloß immer so kurz.
Na, jetz is ja Urlaub.
Is wahr. Wann mußt n zurück sein?
Erst auf n Abend.
Denn komm.

Spielerchen machen

Mensch, was könnt aus ei'm werden!
Mir reicht s, was ich bin.
Was biste denn? Fünf Jahre: ne doofe, dußlige Null.
Bist du vielleicht mehr?
Eben nich. Und weißte, warum?
Nee.
Weil die uns unterdrücken.
Wer.
Unsere Alten.
Meine sind prima.
Prima sacht ga nischt.
Mir sacht s ne Menge.
Lassen se dich etwa lernen?
Nee. Aber spieln.
Schon ma gehört, daß de auch lernen kannst, wenn de spielst?
Nee.
Siehste. Und davor ham se Schiß.
Daß ma zu klug werden könnt?
Genau.
Aber genügt doch, daß de inne Schule kommst, nee?
Wenn de inne Schule kommst und hast dein Grips nich träniert, geht bloß halb so viel in dein Kopp rein, wie wenn de da zwei Jahr vorher mit anfängst.
Wo hast n das her?
Schtatißtik.
Mensch! Ham se uns ja schon um ein Jahr beschissen!
Sag ich doch. Süß und dämlich ham se uns lieber.

Zweifel

Also, sei schön brav, ja?
  Warum.
Ist netter.
  Netter für wen?
Na, für dich!
  Biste da sicher?

Anfang und Ende

Und was is, wenn ich tot bin?
  Dann kommst du in den Himmel.
Will aber nich in die olle Kapsel!
  Wieso Kapsel?
Na, da warn die doch auch drin.
  Wer.
Die Amis.
  Die waren im Weltraum.
Dann fängt der Himmel erst hinterm Mond an?
  Der Himmel fängt überhaupt nicht an.
Dann hört er eben irgendwo auf.
  Er hört auch nicht auf. Er ist einfach da.
Wo.
  Überall.
Was nich anfängt, nich aufhört, das gibt s nich.
  Bitte: Nimm mal die Luft.
Die fängt an diese Wand an und hört an die da auf.
  Und draußen?
Draußen fängt se noch ma an.
  Oder nimm mal die Zeit.
Die Zeit fängt um eins an, und um null Uhr neunundfuffzich isse in eine Minute alle.
  Die gemessene Zeit.
Luft kannste auch messen.
  Und den Himmel?
Den kann ma nich messen.
  Aha. Und warum nicht?
Weil s ihn nich gibt.

Im Büro

Papp.
Hm.
Is das deine Sekretärin?
Ja.
Was sekretärst n der so?
Ich diktier ihr Briefe zum Beispiel.
Die is noch jung, was?
Gott, s geht.
Ich mein, weil se noch auf dein Schoß sitzt.
Da mußt du dich geirrt haben.
Hab ich auch erst gedacht.
Siehst du.
Aber denn hab ich se gefragt.
Wonach.
Ob der Stuhl kaputt is.
Welcher Stuhl.
Der, wo se drauf sitzt.
Also. Dann kann sie doch nicht auf meinem Schoß sitzen.
Kann se d o c h ; hab s ja gesehn.
Du hast gar nichts gesehn. Die Tür war ja zu.
Weil de nich wolltst, daß man s sieht.
Also. War sie zu oder nicht?
Sie war zu.
Bitte.
Aber wie ich se aufgemacht hab, isse runtergehopst.
Wer.
Die Sekretärin. Von dei'm Schoß. Und dabei is ihr Stuhl heil.
Weißt du, sie hat manchmal Sorgen.
Aha.
Nicht, kannst du verstehn?
Versteh ich; hat Mamma ja auch.
Genau.
Bloß, die sind zu schwer, stimmts?
Wie: zu schwer?
Na, um se auf n Schoß zu nehm.

Müßt man versuchen.
Ich würd träniern.
Hm.
Immer n bißchen mehr Sorgen. Bis de s schaffst.
Also, weiß nicht so recht –
Na, ich fang einfach ma an.
Womit.
Dir n bißchen m e h r Sorgen zu machen. Ganz langsam.
Sag mal, muß das sein?
Muß nich; aber besser is besser.
Und wie stellst du dir das so vor?
Indem daß ich deine Sekretärin erst ma drauf aufmerksam mach, ihr Stuhl is ja heil.
Hm. Und dann?
Nu –: Dann muß man sehn.

Geschäfte

Willste mein Freund wer'n?
Was zahlst n?
Kommt drauf an.
Worauf n?
Was de mir einbringst.

Besuch

Tante.
Ja, mein Kind.
Nich, is doch furchtbar.
Aber was denn?
Wenn n Mädel verbrennt.
Entsetzlich.
Oder n Junge verhungert.
Wie kann denn so was passiern!
Er streikt.

Vor der Schule?

Zu Hause.

Aber wie ist denn das möglich?

Kriegt dauernd bloß Suppe.

Was für grausame Eltern! Die müßten angezeigt werden!

Nich, meinste auch?

Na, und ob.

Tante.

Ja, mein Liebling.

Was macht n einer, wo keine Daumen mehr hat?

Der ist schrecklich arm dran.

Nich? Und ohne Narkose.

Wie –

Na, abgeschnitten. Zack! Mitte Schere.

Wer. Wem. Warum.

Der Lustmolch. Dem Jungen. Bloß, weil der Lange Weile gehabt hat und hat dran genuckelt.

Das ist wirklich passiert?!

Hab s doch selber gelesen.

Aber wo hast du diese gräßlichen Dinge denn her? Aus der Zeitung?

Nee. Aus dei'm blöden ›Struwwelpeter‹, den de mir mitgebracht hast.

Im Park

Runter vom Rasen, verdammte Blagen!

Ja doch, Männeken, ja doch.

Haste sich etwa schon ma ein so aufpusten hörn, wenn wa auf m Fahrdamm gespielt ham?

Nee, du; noch nie.

Augenzeugen

Aber habt ihr denn das Auto nicht gesehn?
  Nee.
  Was n für n Auto?
Na, s fuhr doch mitten in euch rein!
  Nanu.
  Is wahr?
Um Gottes willen, aber s ist doch einer von euch unter die Räder gekommen!
  Mensch.
  Machen Se kein Quatsch.
Das habt ihr nicht gemerkt?!
  Aber wir ham doch gespielt!

Grüßgott

Mamm.
  Ja, mein Junge.
Wer war n der Mann, der dich da eben gegrüßt hat?
  Welcher Mann?
Der mit dem Pickel auffe Backe.
  Egon hat nie einen Pickel auf der Backe gehabt, merk dir das.
Ich merk mir lieber, daß er Egon heißt. Außerdem hat er d o c h n Pickel auffe Backe gehabt.
  Werd nicht frech.
Wieso werd ich frech, wenn Egon n Pickel auffe Backe hat?
  Für dich ist Egon immer noch Herr Prienzl.
Wieso is Egon für mich Herr Prienzl und für dich Egon?
  Weil du ihn nicht kennst. Wen man nicht kennt, den redet man auch nicht mit dem Vornamen an.
D u redest ihn aber mit m Vornamen an, stimmts?
  Ich rede Herrn Prienzl überhaupt nicht an, daß du s genau weißt.
Aber er hat d i c h angeredet.

Wann.
Eben.
Er hat mich gegrüßt. Na und?
Und gezwinkert.
Gewas?
Gezwinkert. Mit m Auge; so.
Hör auf, solche Fratzen zu schneiden!
Das is nich meine Fratze, das is Herrn Egon Prienzl seine.
Wie kannst du so was sagen!
Das kann ich, weil ich s gesehn hab.
Überhaupt nichts hast du gesehn!
Wieso kann ich überhaupt nichts gesehn ham, wenn ich seinen Pickel und seine Fratze gesehn hab?
Du bist unmöglich.
Kann mich ja bei ihm entschuldigen gehn.
Wehe!
Ich denk, wenn man unmöglich is, entschuldigt man sich?
Egon – wollt sagen: Herr Prienzl – weiß ja zum Glück nicht, wie du über ihn sprichst.
Kann er ja jetz ruhig wissen, wo ich mich für entschuldigen will.
Halt, wo gehst du hin?!
Ma sehn.

Gebet

'n Nacht.
Mach s gut.
Amen.

Siebzehnter Stock

Also, nu hock doch nicht dauernd so trübetümplig hier rum!

Wo soll ich denn hin?

Na, die andern Kinder, die toben doch auch unten rum!

›Rumtoben‹ is gut.

Habt ihr n Spielplatz oder nicht?

Den hinter Block sechs?

Genau.

Weißte, wasse da neulich gemacht ham?

Wer.

Sonne Kommißjohn.

Hör mal, hab andres zu tun.

Den Krach ham se gemessen.

Welchen Krach.

Unsern. Den vonne Kinder.

Ja und?

Zu laut.

Für wen.

Für die, wo sich beschwert ham.

Und jetzt?

Aus. Kommt ne Teppichkloppanlage hin.

Aber Teppichklopfen ist doch viel lauter!

Bloß, so n Teppich, der is kein Kind.

Amen

Im Kinderhort biste?

Na, eh ich zu Hause rumsitz –

Habt ihr n da heute gemacht?

Erst ma gebetet.

Und denn?

Gelernt.

'n Spiel?

'n neues Gebet.

Hm. Und denn?

Vorm Mittagessen nochma.
Was.
Gebetet.
Mensch. Und denn?
Dankgebet hinterher.
Und wenn s ma nich schmeckt?
Trotzdem.
Und denn?
Anstehn am Klo.
Und wenn de nich mußt?
Egal.
Und denn?
Hinlegen.
Kannste mittags denn schlafen?
Kein Fatz.
Und denn?
Vorgelesen gekricht.
Was n?
Ausse Kinderbibel n Stück.
Lang?
Bloß bis zum Abendgebet.

Auskunft

Tach, Kleine.
Wat wolln Se n.
Komm vom Sozialamt.
Na und?
Hätt gern mal deine Eltern gesprochen.
Den is zu eng hier. Die sinn inne Kneipe.
Aber deine älteren Schwestern sind da?
Ulla is in Tacheskino. Meta lacht sich n Kerl an.
Und dein älterer Bruder?
Der sitzt noch n Jahr.
Sonst ist niemand da?
Bloß die fünf Kleen.
Tja, dann muß ich d i c h wohl bitten.

Um wat n?
Mich reinzulassen.
Kommt ibahaupt nich uff n Topp.
Aber kuck hier: Ich hab Erlaubnis.
Kucken Se hier: Sehn Se die Striem uff mein Po?
Ist ja scheußlich.
Ham se mir vadroschen, wie ick ma hab een rinjelassen.
Aber ich möcht mir doch nur eure Wohnverhältnisse ansehn!
Die sinn heut o o c h abjehaun.

Beim Frühstück

Willst du mir vielleicht endlich mal sagen, was du gegen mich hast?
Du hast die Mammi totmachen wolln.
W a s hat der Pappi?
Draufgelegen hat er auf dir, und du hast gejapst und gekeucht und keine Luft mehr gekricht!
Aber Bärbel, der Pappi, der ist doch da lieb zu der Mutti gewesen.
›Lieb‹ nennste das? Und daß de die Augen verdreht hast wie die, wo se im Fernsehn immer erwürgen? Und daß de gezittert hast an n ganzen Leib und hast ihm mitte Nägel n Rücken zerkratzt? D a s soll lieb soll das sein?!
Bärbel, sieh mal, wenn die Mammi und ich sich liebhaben, da kann man nicht immer drauf achten, wie man dann aussieht. So was vergißt man dabei.
Red dich nur raus. Is Liebhaben schön oder nich?
Liebhaben ist das Schönste, was es gibt.
Aha. Und warum hat s dann so schrecklich ausgesehn, was de mit die Mammi gemacht hast?
Liebling, es war nicht schrecklich, was der Pappi mit mir gemacht hat, glaub mir das doch.
Du lügst! Du hast Angst, weil er jetz hier is. Dabei

weißte ganz genau: Er hat dich totmachen wolln.

Bärbel! Hör jetzt endlich auf, solchen Unsinn zu verzapfen!

Da –! Jetz fängt er schon wieder an!

Aber Kind, du mußt es uns wirklich glauben: wir hatten einander lieb. Da gehört das alles dazu.

Hör ma, ich weiß doch nu wirklich, was Liebhaben heißt! Da lacht man, da freut man sich, da is man zärtlich zu'nander, da herzt man den andern, da is man lieb –

Um Gottes willen, hör auf zu weinen, mein Liebling!

Bärbel –! Du bist doch ein vernünftiges Kind!

Von der Gleichheit

Wie siehst du denn wieder aus?

Nu ja, beim Spieln bißchen dreckig gemacht.

›Bißchen dreckig‹ nennst du das? Da brauch ich drei Waschgänge, bis die Maschine das raus hat!

Wenn s die Maschine macht, wozu regst n dich dann noch auf?

Auch noch frech werden! Wart nur, bis Pappa nach Haus kommt!

Dabei is der jeden Abend dreimal so dreckig wie ich.

Ja, weil er Autoschlosser ist!

Na und? Ich bin Kind.

Kleines Versäumnis

So. In Verkehrserziehung bin ich jetzt firm.

Kann dir ja nischt mehr passiern.

Bloß, weißte, was ich vermiß?

Nee.

Platz; damit de beim Spieln nich dauernd gegen all die Regeln verstößt.

Eins zu eins

Schlaf gut.
  Glaub, nich.
Nanu.
  Hab Angst.
Wovor.
  Vorm Einschlafen.
Wieso.
  Is so wie Sterben.
Kannst du doch gar nicht wissen.
  Weißt d u s?

Ein Problem

Tag, Herr Prienzl.
  Tag, mein Junge.
Na?
  Was heißt ›Na‹?
Tja, was heißt ›Na‹ –?

Eheschließung

Heiratste mich?
  Hm.
Bring auch ne Aussteuer mit.
  Wie hoch.
Puppenwagen, Teddy, ne Wurscht.
  Die Wurscht intressiert mich.
Doller Apparat.
  Isse auch frisch?
Denk, schon.
  Wieso weißt n das nich?
Wollt se erst klaun.
  Und wenn ich nich will?

Muß ich mir n andern zum Schmierestehn suchen.
  Was issen für eine?
Sserwelat.
  Schwer?
Zwo Kilo bestimmt.
  Halbe halbe?
Wenn d u se klaust, ja.
  Ich denk, ich steh Schmiere?
Denn bloß n Zippel.

II

Beim Mittagessen

Sitz grade.
  Sitz ich ja.
Du sollst nicht dauernd widersprechen.
  Ich widersprech ja auch nich dauernd.
Da bitte: Schon wieder.
  Ich widersprech bloß, wenn ich schikaniert werd.
Du wirst doch nicht schikaniert!
  Wieso widersprichst n mir jetz?
Ich widersprech dir? Ich?!
  Ja.
D u widersprichst mir!
  Bloß, wenn ich schikaniert werd.
Wieso schikanier ich dich, wenn ich dir widerspreche?
  Ich denk, du widersprichst mir nich?
Aber du zwingst einen dazu!
  Ja; weil du einen dazu zwingst.

Schlüsselkinder

Stell dir vor.
  Was.
'ne Aufgabe wolln se mir geben!
  Wer.
Meine Eltern.
  Ham denn die nischt Beßres zu tun?
Mach ma n Vorschlag.
  Na, in ihrm Beruf aufzugehn!
Gehn se ja schon. Deswegen doch grade.

Enttäuschung

Na, wie war s?
  Blöd.
Ich denk, sie hatte Geburtstag?
  Ja.
Und?
  Bloß rumgesessen und Kuchen gefressen.
Gegessen.
  Na, schön.
Nicht auch n bißchen im Garten gespielt?
  Doch.
Und wahrscheinlich doch auch unterhalten?
  Klar.
Und sicher gab s auch Musik.
  Jede Menge.
Aber sag mal, was willst du denn dann?
  Daß se nich so hinterhältig is.
Bitte?
  Na, weiß, daß ich komm, und lädt noch fuffzehn andre mit ein!

Doktor spielen

Ja, gute Frau, also mit Ihrn Bauch, da stimmt aber was nich.
  Machen Se mich nich unglücklich, Dokterchen, Isses sehr arg?
Da muß Ihn was reingeraten sein, Frau.
  Wo ich immer so keusch und züchtich leben tu?! Is doch völlich unmöchlich.
Unmöchlich is nischt.
  Das trifft auffe Wissenschaft zu. Aber nich auf mein Bauch.
Frau, Sie vergessen, daß ich Ihrn Bauch mit wissenschaftliche Augen bekuck.
  Ham Se auch wieder recht. Und nimmt ma nu noch

Ihre wissenschaftliche Finger dazu –
Sehn Se, sehn Se. Tja, da komm wa umme Operatzjohn woll nich rum.
Kucken Se sich s lieber noch ma ganz genau an.
Hochintressant, Frau, hochintressant.
Mein Se nich vielleicht doch, daß ich noch unschuldich bin?
Wie alt sind Se denn, hm?
Herbst werd ich neun.
Gefährliches Alter. Genau auffe Kippe.
Auffe Kippe zu was?
Entweder Sie ham n Kind, Frau, oder zuviel gefressen.
Fällt mir ja direkt n Stein vonne Seele! Denn liecht s natürlich an s Essen.
Und das sagen Se erst jetz?
Na ja, ma zeicht sich natürlich gern vor sonne berühmte Korrüfähe wie Sie.
Machen Se mich nich verlegen, Frau.
Könnt mich ja rewangschiern, Dokterchen.
Was sind Se denn von Beruf?
Kinderärztin. Hopp, hopp, mein Kleiner, zieh dich ma immer schon aus!

Nachruf

Nu isse d o c h tot.
Wer.
Die Blasse, die Kleene.
Die mit n Buckel?
Die mit n Jips.
Kiek an.

Schlafe, mein Prinzchen

Hab ich mies gepennt!
  Geträumt?
Geärgert.
  Ganze Nacht?
Fast.
  Über was n?
Über so n Buch.
  Blöd?
Ga kein Ausdruck.
  Na, hättste s doch zugeklappt.
Mach ma, wenn dir deine Mutter draus vorlesen tut.
  Lang?
Viertelstunde vielleicht.
  Geht doch noch.
Aber nich, wenn de bedenkst, was inne Viertelstunde für Dußlichkeit reingeht.
  Wie heißt n das Buch?
›Gute-Nacht-Geschichten‹ steht drauf.

Pappa hat eine Aufgabe

Mensch. Nie haste Zeit!
  Muß arbeiten, Junge.
Und warum rackerste so?
  Weil s dir mal besser gehn soll als mir.
Aber wenn de n bißchen weniger schuften würdst, ging s dir doch auch schon ganz gut.
  Geht doch hier nicht um s Ausruhn! Geht doch um s Geld!
Und wenn de das m i c h dann verdien lassen würdst?
  Aber verstehst du denn nicht: Das Leben muß doch n Sinn haben, Junge!
Und das is der Grund, warum ich nischt von dir hab?

Unschuldig

Wo willst n hin mit den Koffer?
  Abhaun tu ich.
Nanu.
  Hab ne Schwester gekricht.
Biste krank?
  Quatsch. 'n Baby.
Is doch niedlich, nee?
  Niedlich? 'n Kotzproppen isse!
Deine Eltern mögen se trotzdem, wetten?
  Mensch, das isses doch grade!
Was.
  Abgemeldet bin ich bei denen!
Wieso.
  Na, ›Pitzelpitzelchen‹ hier und ›Titzeltitzelchen‹ da –:
  Da drehste doch durch!
Hör ma, warst doch auch ma n Kind.
  Aber i c h hab kein klein Jungn vertrieben!

Gewonnen

Vielen Dank, mein Kind.
  Schon okay, Oma.
War wirklich nett von dir.
  Nu bitt ich Sie aber.
Hat man nämlich nicht oft heutzutage.
  Nee, ham Se recht.
'n alten Menschen so sicher übern Fahrdamm zu bringen!
  Ja, elend Schwein gehabt; muß man schon sagen.
Schwein?
  Na, war doch ne Wette.
Und um was ist es gegangen?
  Um Sie.
Um mich?!
  Ja. Orje sagt, traust dich nich.
Traust dich nicht, w a s .
  Mit die olle Dame bei Rot über de Kreuzung zu flitzen.

Regentag

Ach, Mann.
  Komm, hör auf.
Wenn man s bloß wüßt.
  Was ei'm fehlt?
Ja.
  Irgendwas.
Und wenn ei'm n i s c h t fehlt?
  Fehlt ei'm irgendwas andres.
Bestimmt.

Der Unterschied

Trödel gefälligst nicht dauernd so rum!
  Hör ma! Eh ich mich so abhetz wie du –
Ich hetz mich nicht ab, merk dir das. Ich teil mir nur meine Zeit besser ein.
  Siehste. Und ich laß se heil.

Einzelzimmer

Was hast n?
  Was Lateinisches. Und du?
Kein Blinddarm mehr.
  Hab mein noch.
Machst n so hier?
  Ich sterb.
Wann.
  Bald.
Mensch. Und bis soweit is?
  Freu ich mich, daß ich noch leb.
Haste s schon lang?
  Ziemlich.
Tut s weh?

Geht.
Woher weißt n?
Kriegste so mit.
Gesagt hat dir s keiner?
Nee; sind die zu feige.
Ziehn se ne Schau ab?
Überschlagen sich fast.
Strahln se dich an?
Alle. Vonne Schwestern bis zum Professer.
Stimmt; das is verdächtich.
Zum Kotzen isses.
Und deine Eltern?
Mein Vater, der schluckt bloß.
Und deine Mutter?
Die kann nich.
Nanu.
Kriegt n Kind.
Geht s n ihr schlecht?
Der geht s prima.
Und warum kommt se dann nich?
Isse zu zartfühlend zu.
Haste denn was gegen Geschwister?
Gegenteil: Immer welche gewünscht.
Und? Nich geklappt?
Nee: Nich gewollt.
Und wieso wolln se *jetzt*?
Rat mal.

Irrtum

Wirste ma die Kleene loslassen!
Vapfeif dir.
Du sollst det Mädel loslassen, sar ick.
Wat sachta?
Ick soll dir loslassen, Klärchen.
Der is woll varrickt?!

Beim Psychiater

So, mein Junge; jetzt entspann dich mal richtig. Liegst du bequem?

Phantastisch.

Deine Eltern machen sich Gedanken um dich. Wollen mal zusammen überlegen, warum.

Bin gespannt.

Nicht wahr, du hängst sehr an deiner Mutter?

Also, ›hängen‹ würd ich nich direkt sagen.

Du kannst ganz offen sein. Alles, was wir hier reden, bleibt unter uns.

Prima.

Du hast deine Mutter also sehr lieb.

Wolln da ma lieber nich übertreiben, Herr Dokter.

Schön, sagen wir s so: Wenn du dir vorstellst, eine Freundin zu haben, dann soll sie genauso aussehn wie sie.

Gottes willn!

Verständlich; du bist noch gehemmt. Aber wir befreunden uns schon.

Ich hab nischt gegen Sie; ehrlich.

Fein. Sag mal, dein Vater –

Hörn Se mit d e n auf!

Du hast Angst vor ihm, stimmts?

Echten Schiß oft; genau.

Hast du schon mal von ihm geträumt?

Träum dauernd von dem.

Das ist kein Wunder. Er war hinter dir her, nicht?

Doll; woher wissen Sie n das?

Und er hat dir was abschneiden wollen.

Was abschneiden? Mir?!

Ja.

Komisch.

Nein, nein, das ist ganz normal. Ich meine, im Traum.

Daß mir da mein Alter was abschneiden will?

Ja, deinen Penis.

Meinen was?

Dein Glied.

Welches.
Lieber Himmel, du bist doch ein Mann!
Klar.
Also.
Ach so. Und warum soll er mir n Pimmel abschneiden?
Weil du befürchtest, du liebst deine Mutter zu sehr.
Befürcht ich ja ga nich.
Gut; du gibst das jetzt nur noch nicht zu.
Da is nischt zuzugeben; wirklich.
Komm, locker dich doch! Sei nicht so verkrampft.
Bin locker wie n Schaumomlett, Herr Dokter; ehrlich.
Und warum willst du es dann nicht zugeben, hm?
Na, weil s nich stimmt.
Aber daß dein Vater hinter dir her ist im Traum, das stimmt doch auch, hab ich recht?
Ja. Bloß, daß er mir nich n Pimmel absäbeln sondern sich entschuldigen wollt.
Er wollte sich entschuldigen? Wofür.
Daß er sich immer besäuft. Und mich dann verdrischt.
Nanu. Hat mir deine Mutter aber nichts von gesagt.
Logisch. Die besäuft sich ja mit.
Und – und dann?
Dann gibt s Senge.
Von beiden?
Hauptsächlich von ihm.
Und sie?
Feuert n an.
Aber sie sagt doch, du liebst sie! Du wärst förmlich in sie verknallt!
Wunschdenken, Herr Dokter.

Verfeinerung

Mensch, Mensch!
›Mensch‹ sagt man nicht.
Was sagt man denn?
Leute, Leute.

Babysitter

Wenn du jetzt nicht endlich einschläfst, kommt der Böse Mann.

Dem hau ich eine aufs Maul.

Dann sag ich s deinen Eltern.

Petzen, typisch. Und dafür kassiern Se noch Geld!

Also, ich knips jetzt das Licht aus.

Na und?

Und dann wird geschlafen.

Befehlsform, Frollein, is bei mir nich mehr drin.

Bitte leg dich jetzt hin.

Daß S i e Ruhe ham, was? Tät Ihnen so passen. Wofür wer'n Se n bezahlt?

Schön, setz ich mich mit meinem Buch eben hier zu dir rein.

Vielleicht ne Dienstauffassung! Soll aufpassen und liest!

In Gottes Namen, paß ich also jetzt n u r auf dich auf.

Ach nee –: Jetz erst? Und was ham Se die drei Stunden vorher gemacht?

Das weißt du genau: Versucht, mit dir fertigzuwerden.

Und was is bei rausgekommen? Null Komma Nischt.

Liegt ja wohl in erster Linie an dir.

'n Kind beschuldigen! Das hat ma gern!

Ich beschuldige nicht. Ich stelle nur fest.

Sie stelln nich fest, Sie reden sich raus. Sie sind ne Niete, Frollein. Sie komm einfach mit de kindliche Psühche nich klar.

Noch so was, und du siehst mich nicht wieder.

Und das sagen Se erst jetz? Wissen Se, was Sie für mich sind? Zugluft. 'n leergepustetes Ei.

Das ist zuviel!

Sagen Se das nich. Fang grade erst an.

Also, mich bist du los!

Kann ich endlich in Ruhe mein ›Asterix‹ lesen.

Auf dem Klo

Biste endlich fertig da drin?
  Fertig? Was meinst n damit?
Rat mal.
  Wenn de d a s meinst, schon lange.
Und was sitzte da noch?
  Ich überleg.
Was.
  Warum man so selten in Ruh gelassen wird, wenn man mal n Momentchen für sich is.

Bündnis

Liebste mir?
  Mach ick.
Denn lieb ick dir ooch.
  Jemacht.

Protest

Doch eigentlich grauslich.
  Was.
Na, das mit n Kreuz.
  Tja.
Ich mein: Tut doch weh.
  Und wie.
Und wenn se n n i c h drangehaun hätten?
  Ging nicht anders. War so vorgesehn.
Von wem?
  Von Gottvater.
Der hat das alles gemacht?
  Sagen wir: gewußt.
Auch das mit die Piekekrone?
  Auch das.

Auch das mit die Galle im Wein?
Das auch.
Auch das mit die Nägel?
Ja.
Und nischt gegen gemacht?
Nein.
Schöner Vater.

Liebe & Tod

Den würd ich aber nicht mehr mit ins Bett nehmen. Der ist doch schon ganz kalt.
Heut morgen war er ganz warm.
Das ist d e i n e Wärme, nicht seine.
Na und?
Verstehst du denn nicht: Er ist tot.
Eben. Deswegen nehm ich n ja mit ins Bett.
Aber das ist unhygienisch.
Unwas?
Ungesund, schmutzig.
Wieso is Liebhaben schmutzig?
Kein Wort von gesagt.
Du hast gesagt, der Goldhamster is schmutzig.
Der tote.
Ja.
Na bitte.
Und daß ich ihn liebhab?
Du kannst ja immer lieb an ihn denken.
Warum.
Na, weil du ihn liebgehabt hast.
Den lebendigen?
Genau.
Hab ich ja ga nich.
Aber du hast es doch eben gesagt!
Ich hab gesagt, ich hab ihn lieb, weil er tot is.
Du meinst, du hast Mitleid mit ihm.
Wieso denn? Jetz isser ja tot.

Na, aber dann nützt ihm doch jetzt auch dein Liebhaben nichts!

Nee.

Und warum hast du ihn dann trotzdem noch lieb?

Weil ich traurig bin.

Über seinen Tod.

Nee.

Aber worüber denn d a n n ?

Weil ich nich mehr nett zu ihm sein kann.

Mach ihm doch ein schönes Grab.

Findste das nett?

Du kommst nicht drum rum. Für was Gestorbenes muß man das tun.

Und was tu ich dafür, daß ich ihn liebhab?

Dafür pflanzt du ihm Blumen drauf.

Und was hat er davon?

Vielleicht hast d u was davon.

Wie kann i c h was von haben, wenn e r nichts von hat?

Das kann man nicht vergleichen.

Eben.

Vermittlung

Herr Prienzl.

Wenn du nicht sofort –

Nich doch. Da intressiert sich ne Dame für Sie.

Für mich?

Staunen Se, was?

Werd nicht ausfallend, nein.

Vorsicht. Immerhin hat se mich zu Ihn geschickt.

Dann mach s kurz.

Mach ich.

Also, was will die junge Dame von mir?

Kein Mensch von ›jung‹ was gesagt.

Schön. Also, was möchte die Dame?

Sie wer'n s nich glauben.

Na?
Daß Se nach Hause komm solln zu ihr.
Und wo wohnt sie?
Kantstraße zwo.
Aber da wohn ich ja auch!
Eben.
Wieso.
Na, is Ihre Frau.

Die Entführung

Also, Mädels, nochmal.
Aber wir ham doch schon alles gesagt!
Kann man nicht oft genug hörn.
Laß n doch, den Herrn Kommessar.
Na schön, schießen Se los.
Danke, Kleine. Die Männer haben euch also bedroht.
Ja.
Warum habt ihr das niemand gesagt?
Schiß gehabt.
Und dann haben sie euch angesetzt auf den Jungen.
Ja.
Ihr habt mit ihm gespielt.
Ja.
Sein Vertrauen gewonnen.
Ja.
Und seine Eltern?
Ham sich gefreut.
Daß er endlich ma jemand hat.
Woher habt ihr gewußt, daß sein Vater so wohlhabend ist?
Gehört.
Auch ma gelesen.
Aber dann hätt euch doch klarsein müssen, die Männer wollten die Eltern mit der Entführung des Jungen erpressen.
Nee.

Nee, bestimmt nich.
Nanu.
Na, wo die doch gesacht ham, daß se vom Fernsehn wärn.
Bloß ma ne kurze Aufnahme wollten se machen von ihm.
Ich denk, die Männer haben euch bedroht.
Doch erst nachher.
Und dann habt ihr euch also den Jungen geschnappt.
Wir sind mit ihm spazierngegangen.
Und unterwegs haben ihn euch die Männer abgenommen.
Ja.
Und haben euch den Brief für die Eltern gegeben.
Und wir haben n in n Kasten gesteckt, ja.
Und was habt ihr als Belohnung gekriegt?
Ga nischt. Das isses ja eben.
Die warn doch dann weg mit dem Jungen.
Und was hatten sie euch versprochen?
Mir n Kassettenrecorder, neustes Modell.
Mir n Transistorgerät; schickste, wo s gibt.
Ulkig.
Was soll n da ulkig dran sein?
Ich denk an das Lösegeld.
Was issen mit dem?
So niedrig, daß man s kaum glaubt.
Ham vielleicht nur ne bestimmte Summe gebraucht.
Genau. Wißt ihr, was rauskommt, wenn man die teilt?
Na?
Genau der Betrag für n prima Kassettenrecorder und n schickes Transistorgerät.
Nu kucken Se an.
Warn eben genügsam, die Männer.
Den Trick mit den Männern, den laßt jetzt mal raus.
Herr Kommessar, für wen halten Se n uns?!
Für zwei gerissene kleine Biester. Los: Wo habt ihr den Jungen versteckt?

Widerspruch

Also, so kannst du unmöglich mit auf n Friedhof.
Wieso; was issen da so unmöglich an mir?
Du mußt dich umziehn; ich leg dir was Dunkles raus.
Wozu n das?
Besser so. Schließlich Omas Todestag heute.
Aber sieht se ja sowieso nich mehr.
ist ja auch nicht n u r für Oma. Ist ja auch für die Leute.
Für die toten?
Unsinn. Für die an den Gräbern.
Passen die n so auf ein auf?
Auch wenn sie nicht aufpassen: Gehört sich so.
Wer sagt das.
Der Anstand.
Je dunkler ich bin, desto anständiger bin ich?
Auf m Friedhof – ja.
Und warum haste mir dann vorhin die Nägel saubergemacht?

Kommunionsunterricht

Herr Kaplan.
Ja, mein Kind.
Gab zwei verbotne Bäume im Paradies, stimmts?
Den Baum der Erkenntnis und den Baum des Ewigen Lebens, jawohl.
Die Schlange war dußlig.
Bitte? Ich versteh dich nicht ganz.
Na, die hat doch der Eva eingetrichtert, den Appel vom Baum der Erkenntnis zu pflücken.
So ist es.
Und wie Eva und Adam reingebissen ham in den, da wurden se sterblich.
Du sagst es, mein Kind.
Und warum ham se sich nich zuerst n Appel vom Baum des Ewigen Lebens besorcht? Dann hätt doch beim zweiten Appel überhaupt nischt mehr schiefgehn könn!

Vertrauen

Riech ma.
    Phantastisch.
Spinner.
    Wieso.
Riecht ja ga nich.
    Aber hast doch gesagt!

Kinderspiel

Um Gottes willen, Kleine, fehlt dir was?
    Rührn Se mich ja nich an, Sie!
Aber du hast doch da Blut am Rock!
    Quatsch. Is Wasserfarbe is das.
Und da liegst du hier wie ne Tote herum?
    Doch bloß n Spiel.
Schönes Spiel. Und worum geht s?
    Mich hat n Sittenstrolch fertiggemacht.
Sag mal, fällt euch nichts Bessres ein?
    Is doch schon besser.
Als was.
    Na, erst hat mich bloß n Lustgreis betatscht.
Und warum stehst du nicht auf?
    Spurensicherung und so.
Aber s ist doch niemand von deinen Spielkameraden mehr da.
    Die sind auffe Polizei.
Was denn: richtig?
    Haun Se ab! Da kommt der Funkwagen an!

Rücksicht

Geh leise.
  Warum?
Papp hat Kopfschmerzen.
  Hab ich auch.
Nanu. Und wovon?
  Von dem Gebrüll.
Von welchem Gebrüll?
  Von dem s auch Papp hat.
Papp hat kein Brüllen gehört.
  Wundert mich aber.
Wieso.
  War doch seins.
Papp hätte selber –
  Und wie.
Hast dich verhört.
  Und warum haste dann so geschrien?
Ich hätte –
  – geschrien. Wie verrückt.
Wo du deine Ohren hast!
  Am Kopp.
Nimm dich zusammen.
  Warum?
Weil ich Kopfschmerzen hab!

Django

Wohin gehst n?
  Kino.
Was spieln se n?
  Western.
Deshalb.
  Deshalb was.
Den Revolver.
  Doch nich für drinne.
Und was willst draußen damit?

Das Weib anne Kasse.
Ausnehmen, die Frau?
Bloß bedrohn.
Wozu n das?
Na, wegen s Billjett.
Haste kein Zaster?
Mehr als ich brauch.
Und wieso dann bedrohn?
Is jugendgefährdend.
Mann! Isse so flott?
Quatsch. Mein doch den Film.

Im Krankenhaus

Tach, Bruno.
Tach.
Mensch, du siehst ja aus!
Auto.
Ball druntergekullert?
Nee; selber.
Wie n das?
Schnauze vollgehabt.
Was denn: mit Absicht?
Na, denkste vielleicht, kenn die Verkehrsregeln nich?
Mann, Mann. Und nu?
Hier.
Sind n das?
Schlaftabletten.
So n Haufen?
Fehlen noch n paar.
Machst n mit denen?
Na, schlucken.
Denn pennste aber, was?
Kann ich dir sagen.

III

Notlösung

Was hast n?
  Scheiße.
Mensch.
  Na –!
Die Alten?
  Genau.
Dicker Hund?
  Super.
Klotzköppe.
  Und deine?
Dito.
  Auswandern müßt man.
Nützt nischt.
  Wieso.
Eltern gibt s überall.
  Verdammt.
Tja.
  Bleibt n da übrig?
Wenn die einsichtig wärn –
  Die?!
– daß ma ihnen ne Schangs geben könnt.
  Verschenkt.
Mist.
  Seh da nur eins.
Na?
  Sich arrangschiern.

Anpassung

Papp.
  Ja, mein Junge.
Warum hast n den eben gegrüßt?
  Kann sein, er wird Stadtrat.
Was macht er n?
  Steuerexperte.
Von welche Partei?
  Weiß er noch nicht.
Wieso.
  Wartet erst ab.
Was.
  Was er für n Angebot kriegt.
Und so einen grüßte?

Genugtuung

Schon gesehn?
  Nee.
Auch nich so wichtig.
  Na, siehste.

Erste Vernehmung

Die Nachbarn sagen, Sie haben Ihr Kind täglich geschlagen.
  Aber wo werd ich denn, Herr Kommissar.
Und Ihr Mann?
  Der rührt doch so n kleines Wurm nich an.
Und wenn s mal unartig war?
  War s artigste Kind, das Se sich nur vorstelln könn.
Eben. Sagen die Nachbarn auch.
  Sehn Se.
Und sehr still soll es gewesen sein.

Sehr, ja.
Außer, wen Sie s geschlagen haben natürlich.
Natürlich . . . Was sagen Se da?
S i e haben was gesagt.
Ich?
Daß Sie s geschlagen haben, ja.
Das ham S i e gesagt.
Mir hat s doch gar nichts getan.
Na, mir vielleicht?
Dann haben Sie s grundlos geschlagen?
Grundlos bestimmt nich.
Haben Sie gemerkt?
Was.
Eben haben Sie s schon wieder gesagt.
Daß ich s geschlagen hätt?
Ja.
Aber hab ich doch ga nich!
Ach. Und woran, meinen Sie, ist es gestorben?
Im Krankenhaus hieß es, s wär n Unfall gewesen.
So kann man s auch nennen.
Wie nenn Sie s denn?
Richt mich da nach m Amtsarzt.
Und was sagt der?
Prügel mit Todesfolge.
Aber wir ham s doch geliebt!

Im Kinderheim

So. Und nun beten wir alle.
Stop.
Bitte, was möchtest du?
Nich mitbeten möcht ich.
Du willst aber doch, daß es dir schmeckt.
Tut s so oder so nich.
Warum.
a) Graupen, b) Heimweh.
Du kannst das Essen stehnlassen.

Geritzt, Schwester.
Aber dann sprich wenigstens unser Gebet mit.
Is das das, wo der Herr Jesus unser Gast sein soll?
Ja. Übrigens hat auch e r Heimweh nach seinem Vater gehabt.
Und Sie meinen, Tatsache, in d e r Stimmung kriegen Se n an so n Saufraß hier ran?

Auf dem Balkon

Volle Deckung!
Na –?
Mann, genau auf n Kopp!
Isser inne Knie gegang?
Nee. Hat sich anne Hauswand gelehnt.
Denn sind se zu weich, unsere Äppel.

Das Wort

Hör endlich auf!
Womit.
Dir dauernd in der Nase zu bohren.
Moment.
Was heißt ›Moment‹?
Ich hab n noch nich.
Du hast ihn noch nicht?
Nee.
Ja, wen denn, um Gottes willen!
Den Popel.
Das ist ein Wort, das will ich nicht mehr hörn!
Wie sagt i h r denn dazu?
Wir sagen überhaupt nichts dazu.
Überhaupt nichts? Wieso.
Weil man darüber nicht redet.
Nee?

Das heißt nein.
  Wieso redet man nich über Popel?
Weil das unanständig ist.
  Aber die Dinger sitzen doch nu mal drin inne Nase.
Trotzdem.
  Trotzdem was.
Trotzdem wird darüber geschwiegen.
  Der Pfarrer sagt, Verschweigen is Lüge.
Das bezieht sich auf ganz was andres.
  Nich auch auf s Verschweigen von Popeln?
Du sollst dieses Wort nicht mehr sagen!
  Mamm, wozu gibt s Wörter?
Wörter dienen der Sprache.
  Mir zu hoch.
Wörter sind da, um sich verständlich zu machen, um miteinander zu sprechen.
  Und warum spricht man dann nich über Popel?

Heimatlos

Wie siehst d u n aus?
  Ach, Mensch.
Kummer?
  Faustdicke.
Issen los?
  Weiß nich mehr, wo ich hinsoll.
Na, geh doch nach Hause.
  Isses doch grade!
Keiner da?
  Gegenteil: Meine Mutter.
Schmeißt se dich raus?
  Nee, schubst mich rum.
Schließ dich doch ein.
  Wird se hysterisch.
Wieso.
  Macht doch großreine.
Schön: heute.

Nee: immer.
Jeden Tag?
Jeden.
Sagt n dein Alter dazu?
Der?
Ja.
›Immer sauberhalten, sein Nest.‹

Und freitags Fisch

Gibt Brackwasser, Herr Pfarrer, Salzwasser und Süßwasser, stimmts?
Stimmt.
Und n Fisch, wo im Süßwasser lebt, der ging' im Brackwasser ein.
Und umgekehrt, ja.
Und n Brackwasserfisch, der würd s im Salzwasser nich schaffen und ging' auch im Süßwasser drauf.
Auf die Dauer bestimmt.
Und die Sintflut, die hat da nu alles verpanscht.
Sagen wir besser: vermischt.
Also sind die Fische krepiert.
So ist es, mein Junge.
Aber wieso sind n dann die Fische schlechter als alle andern Tiere gewesen?
Sind sie das denn?
Na, wenn die Sintflut sie alle kaputtgemacht hat?
Noah hat bestimmt auch an die Fische gedacht.
Steht inne Bibel aber nischt drüber drin.
Weil es selbstverständlich ist. Er hat sie natürlich genauso mit auf die Arche genommen wie alle andern Tierarten auch.
Ich denk, die Arche stand auf m Land, wie die Tiere ankamen?
Das ist richtig.
Dann konnten doch die Fische nich rein.
Noah wird ihnen Netze ausgelegt haben.

Ich denk, s is Sintflutwasser gewesen?

Dann haben seine Söhne die Fische eben vorher gefangen.

Gab s denn damals schon Glas?

Nein. Warum.

Na, für die vielen Aquarien an Bord.

Noah wird den Fischen Bassins gebaut haben.

Mußten aber ganz schön flach sein, die Dinger, wenn Se sich die Höhenmaße vonne Arche ankucken. Doch im Nu verdunstet, das Wasser.

Du vergißt, es hat doch geregnet.

Ich denk, der Regen, der is Sintflutwasser gewesen.

Dann sind eben nicht alle Fische krepiert.

Dann sind die Fische besser als alle andern Tiere gewesen?

Ich glaube, du solltest dran denken, die Bibel wurde für Menschen und nicht für Fische geschrieben.

Stimmen muß se so oder so.

Du willst das doch wohl nicht bezweifeln!

Was heißt n ›bezweifeln‹? Sie ham s ja gesehn: Die haut einfach nich hin.

Gerechtigkeit

Hab ich dich endlich.

Haben sagt ga nischt.

Ich hab dich beobachtet: Du hast gestohlen.

Und wo isses, was ich gestohlen hab?

Du hast es jedesmal jemand in die Tasche gesteckt.

Stimmt.

Heute war s ne alte Frau.

Richtig. Gesehn, was die eingekauft hatte?

Nee.

Bündel Petersilie, halbes Kilo Kartoffeln.

Na und.

Bißchen wenig, nee?

Wenn sie nicht mehr braucht –

Hat sich aber ganz schön über die Butter gefreut.
Du klaust also für andre.
Ich klau überhaupt nich.
Du nimmst was weg, ohne dafür zu bezahlen.
Und –? Bereicher ich mich etwa damit?
Das ist für s Kaufhaus hier nicht entscheidend.
Für mich schon.
Der Konzern ging' pleite, wenn s alle so machten.
Machen aber nich alle.
Ein Glück.
Aber nich für die Armen.

Ausschau

Was stehst n da rum?
Ich kuck.
Was siehst n?
Nischt.
Deswegen kuckste?
Ich kuck, weil ich was sehn will.
Was w i l l s t n sehn?
Ich kuck grade.

Umschwung

'n Abend.
Ach, doch schon.
Darf man mal fragen, wo du jetzt herkommst?
Bin bei meine Freundin gewesen.
Bei der kleinen Charlotta?
Genau.
Also schön. Ausnahmsweise.
Aber s nächste Mal pünktlich.
Nächste Mal gibt s nich.
Nanu.

Doch nicht etwa gezankt?
Gegenteil. Soll se besuchen.
Machst du doch täglich.
Aber nich in Neapel.
Ihre Eltern sind in Urlaub gefahren?
Nee; wieder nach Hause.
Was? Das sind Italiener gewesen?!
Und da kommst du so spät?!

Der erste Tag

Mensch, Opa.
Tja –
Was n nu?
Kannst mich ja manchmal besuchen.
Darfste hier raus?
So oft, wie ich will.
Bloß, mußt wieder rein.
Genau.
Und wenn wir stiftengehn?
Junge, is Herbst!
Scheiße.
Kann man wohl sagen.
Haste den Pfleger gesehn?
Denk nich dran.
'ne olle Dame sagt, daß se hier klaun.
Beklaut werden kannste auch draußen.
Du redst schon, als wärste hundert Jahre hier drin.
Fühl mich auch so.
Und zu Hause biste immer so kregel gewesen.
›Zu Hause‹ –!
Opa.
Was is.
Und wenn de m e i n Zimmer nähmst, und ich schlief' auf der Couch?
Is ja nich nur um s Zimmer gegangen.
Nee.

Was willst n machen, wenn se dich überham?
Nischt. Kopp einziehn.
Und –? Hab ich was andres gemacht?
Nee.
Also.

Entweder oder

So n Pech aber auch.
Was issen passiert?
Ach, Mensch.
Nu sag schon.
Dauernd ne Schwester gewünscht.
Und? Bruder gekriegt?
Nee. Auto gekauft.

Vorschlag

Familienplanung, was issen das, Mamm?
Wenn Eltern sich vornehmen, nur ein Kind zu bekommen.
Und wenn se sich k e i n s wünschen, denn planen se nich?
Dann planen sie auch.
Wieso brauch ich n Plan für was, das ich nich will?
Es gibt Dinge, die muß man verhindern.
Und so ne Dinge sind Kinder?
Es geht um die Übervölkerung, weißt du, Die Erde hat zu viele Bewohner.
Denn bringt doch die Erwachsnen um! Was schiebt ihr n das u n s inne Schuhe?!

Spielverderber

Kuck ma den!
  Wen.
Na, den!
  Na und?
Siehste denn nich?
  Klar seh ich.
Und –?
  Was und?
Wie der hinkt!
  Hinkt der?
Mit dir kann ma nich reden.

Empfindlich

Haste auch immer so n Schiß inne Nacht?
  Ungeheuren sogar.
Kann dir sagen, was sich da so alles im Zimmer bewegt!
  Ich hab ne Arzneiflasche, die fliegt.
Neulich is der Kleiderschrank abgehaun.
  Haste schon mal versucht, s deine Eltern zu sagen?
Nie wieder.
  Wieso.
Mal zu meine Mutter ins Bett gekrochen deswegen.
  Und?
Hinterher halbes Jahr in pschüschatrische Behandlung gewesen, die Frau.

Im Waisenhaus

Schwester.
  Ja.
Gibt s auch Kinder, wo k e i n Schutzengel brauchen?
  Nein.
Was is n, wenn Kinder Eltern ham?
  Einen Schutzengel haben sie trotzdem.
Passen denn Eltern auf Kinder nich auf?
  Doch. Aber sie können s natürlich nicht immer.
Und so n Schutzengel, den werd ich nirgendwo los?
  Es gibt nichts, was du ohne ihn tust.
Is der von s Jugendamt oder vonne Gemeinde?
  Vom Himmel.
Und Eltern, woher kommen d i e ?

Kinderladen

Ernst.
  Was is, mein Junge.
Erzähl uns ne Geschichte.
  Hört zu.
Isse politisch oder isse spannend?
  Vielleicht isse ganz ulkig.
Na schön.
  Da war mal n Mädel. Und da war mal n Mann.
Lach mich dot.
  Mußt n bißchen Geduld haben.
Hab ich.
  Und ihr?
Nu ja –
Klar.
Doch, doch.
Nimm dir ruhig Zeit.
Also weiter: Was war nu mit denen?
  Die liefen nackicht in nem schönen Garten rum.
Genau wie wir.

Bloß, die brauchten keine Miete zu zahlen.
Na, und ›schön‹ is bei so m Stückchen Vorgarten ja wohl auch übertrieben.
Hat brachgelegen, der Garten, stimmts?
Einfach besetzt wer'n se n ham.
Direkt besetzt ham se n nich. Aber s hat sie auch niemand am Rumlaufen gehindert.
Is ne ziemlich alte Geschichte, merkt man gleich.
Ernst, die sind heut schon wieder pampig gewor'n und ham uns beschimpft.
Bloß, weil wir nischt angehabt ham.
So was, das finden se säuisch.
Morgen is Elternversammlung, da wer'n wir das alles besprechen.
Is n Wort.Erzähl weiter.
Wollt ihr auch noch?
Mal sehn, was passiert.
Aufhörn kannste ja immer noch.
Auch wieder wahr. Also, die laufen da so friedlich rum. Plötzlich sehn sie n Schild an nem Baum.
Wetten: ›Verboten' steht drauf.
Schon gewonnen.
D o c h ne moderne Geschichte.
Was war s n für n Baum: Pflaumen oder Kirschen?
Äppel.
Gab s noch mehr sonne Bäume im Garten?
Alles voll. Obst jede Menge.
Und an jedem so n Schild?
Das war s ja: Bloß an dem einen.
Bestimmt besondre Äppel gewesen.
Wie kannste n das wissen, eh de probierst!
Kannste doch: sieht ja keiner.
Also, ich hätt ja n u r von dem Baum mit n verbotnen Äppeln gegessen.
Wenn se schmecken.
Na, doch logisch; der so n Schild schreibt, is doch nicht doof.
D o c h is er doff: Wenn er die Äppel behalten will, muß er ga kein Schild schreiben; dann falln seine Extra-Äppel

nich auf.

Okay. Weiter im Text?

Los.

Also, der Mann, der hat sich nach dem Schild da gerichtet.

Typisch.

Was heißt n hier ›typisch‹? Is n Mädel zu sein vielleicht n Verdienst?

Nee; genausowenig, wie n Junge zu sein. Bloß, wir sind nu mal heller als ihr.

Also, was das Mädel in der Geschichte betrifft, da haste recht.

Siehste.

Wieso, was hat n das gemacht?

Hat sich erst mal nach der Qualität der Äppel erkundigt.

Und?

Na, bestens natürlich.

Und wem ham se gehört?

Irgend nem Herrn.

Kapitalist?

Unternehmer.

Für wen hat er n die Appelbäume gepflanzt: Für seine Leute oder für sich?

Zwei für sich. Die andern für seine Leute.

Eigentlich okay mit dem Schild.

Nich, wenn er sozial denkt.

Richtich. Denn seine warn ja die besten Äppel; Ernst, hab ich recht?

Genau. Und die mit dem Schild, das war sogar noch ne besondre Sorte.

Unternehmer-Äppel.

Die hätt ich m auffe Wiese geschüttelt und Mus draus gekocht; hätten wir alle was von.

Also: Das Mädel hat sich auf die Empfehlung verlassen und reingehaun in so n Appel.

Jede Wette: 'n Wurm dringewesen.

Gegenteil: 's Süßeste, Saftigste an Appel, was man sich bloß vorstellen kann.

Logisch: und für n Arbeitnehmer die sauren.
Klar. Wozu n sonst das Schild?
Also, die nu geerntet, die beiden.
  Nee; erst mal nur den einen gegessen.
Muß ja ne Bombenqualität gewesen sein, was?
  Kann ich euch sagen. Komische Wirkung gehabt übrigens: Auf einmal, da fingen die zwei an sich zu schämen.
So n Quatsch. Is doch bloß Mundraub gewesen.
Wenn de s richtig siehst: Geklaut is geklaut.
Hab ma für Anna ne Flasche Parföng abgestaubt. War se ga nich so doll von begeistert.
Hör mal! Sind Äppel vielleicht Luxusartikel?
Von nem Appel kannste sattwerden.
Und wenn tausend Hunger ham?
Brauchste eben tausend Äppel dazu.
Aber hier warn s nur zwei.
Und die ham nur den e i n e n Appel geklaut.
  Ihr werdet s nich glauben: Trotzdem hat der Besitzer sie aus m Garten geschmissen.
Wegen nem einzigen Appel?!
Der hat se wohl nich alle im Spind.
Und die ham sich das gefalln lassen?
  Soviel ich weiß, ja.
Selber schuld.
Ich hätt ihm sein blöden Baum mitte Axt abgehaun.
Quatsch, Motorsäge. Wozu sich n auch noch anstreng für den.
  Das Dumme is bloß: Ihr wärt gar nich mehr reingekommen.
Etwa abgeschlossen?
  Genau. Und auch noch n Posten davor.
Verräter gibt s immer.
Ich denk, der Garten lag brach?
Is wie mit n leerstehnden Häusern. Monatelang kümmert kein As sich um die. Denn zieht ne arme Familie rein und plautz, kommt die Polente mit m Räumungsbefehl. Ernst, hab ich recht?
  Haste.

Was issen nu aus den beiden geworden?
Ham se sich wieder auf Obst geschmissen?
Bestimmt mehr auf Fleisch.
Halbe halbe wahrscheinlich; Ernst, oder –?
Is anzunehmen. Aus ihrm Angestelltenverhältnis jedenfalls warn se jetzt raus.
Was hatten se n bis dahin gemacht?
Na, ihrm Chef da den Garten besorgt.
Also, so m Muffel, dem hätt ich aber lieber selber gekündigt.
Ich hätt m die Gewerkschaft auf n Hals geschickt.
Ich hätt gestreikt.
Du, oder ich. Einfach n Arbeitsplatz nich verlassen. Äppel gab s ja genug.
Genau. Doch ma sehn, ob der uns so einfach ausgesperrt hätt.
Laßt ma. Dafür warn die beiden jetz unabhängig von ihm.
Auch was wert.
Ham se denn was Beßres gefunden?
Die Freiheit, ja.

Pappa erinnert sich

Papp.
Hm.
Warste gerne Soldat?
War ne harte, aber auch ne schöne Zeit.
Aber war doch Krieg!
Eben; das mein ich mit ›hart‹.
Und was meinste mit ›schön‹?
Die Kameradschaftlichkeit. Wie man so rumkam.
Und die Toten? Und was ihr alles kaputtgemacht habt?
Nu mußte einem aber auch nicht gleich die ganze Erinnerung versaun!

Ersatz

Scheiße.
  Was issen passiert?
Die ganzen schönen Kriegshefte!
  Geklaut?
Verbrannt.
  Wer.
Meine Alten.
  Wieso.
Wärn zu grausam.
  Und nu?
Ham se mir so n Wälzer gegeben.
  Wie heißt n das Ding?
›Humoristischer Hausschatz.‹
  Soll n das sein?
So wie Comics.
  Na, geht doch.
Von wegen.
  Sprechblasen?
Eben nich.
  Druntergeschrieben?
Und reimt sich auch noch.
  Mach mich nich schwach.
Wenn ich s dir sag.
  Wer hat s n verzappt?
'n gewisser Pusch oder so ähnlich.
  Nie gehört. Kommt n drin vor?
'n Affe kriegt ne Kugel in n Balg.
  Lach mich dot.
'n Rabe erhängt sich.
  Irrsinnig komisch.
Zwei Jungs wer'n vom Mühlstein zermahlen.
  Is ja umwerfend.
'ne alte Jungfer verbrennt.
  Und so was nenn die Humor?
Da wiehern die drüber.
  Sadisten.

Flucht

Sag ma, biste verrückt?
  Nee. Wieso.
Na, kommst hier mitten inne Nacht mit dein Riesenteddybär an?
  Hab gesehn, s Auto von deine Eltern is weg.
Die sind ins Kino gegang.
  Los, zieh dich an.
Hör ma!
  Biste meine Braut oder nich?
Bin ich. Bloß –
  Also. Denn mach.
Was issen passiert?
  Wir haun ab.
Jetz gleich?
  Morgen früh müssen wir schon ausse Stadt sein.
Warum.
  Da kommt der Killer.
Zu mir oder zu dir?
  Zu ihm.
Zu dem Teddy?
  Meine Eltern ham n denunziert.
Was hat er n gemacht?
  Er is ihn zu alt.
Is n Altsein verboten?
  Na, hätten se sonst n Lumpensammler bestellt?
Woher weißte n?
  Die ham telefoniert.
Strolche. Bloß, weil ihm s Sägemehl aus m Bauch rinnt?!
  Genau.
Die sehn uns nich wieder.

Genügsam

Wo gehst n hin?
  Ma sehn.
Aha.

Besuchstag

Hallo, Daddy.
  Hallo, Stift.
Hast schon mal besser ausgesehn.
  Kunststück, bei dem Affenstall-Mief.
Machst n so n ganzen Tag?
  Triste Kugel, die ich hier schieb.
Biste allein inne Zelle?
  Nee. Mit so m Schwachkopp zusammen.
Klaut er dir n Nerv?
  Zitiert ausse Bibel.
Scheuer m doch eine.
  Sinnlos; is Christ.
Und sonst?
  Na, s Übliche.
Fressen?
  Belämmert.
Aufsicht?
  Nulpen.
Kollegen?
  Okay.
Bekannte bei?
  Diesmal nich.
Tja, und zu Hause –
  Gerichtsvollzieher schon dagewesen?
Alles weg. Bis auffe Betten.
  Scheiße.
Küßchen von Muttern.
  Wie geht s ihr denn?
So la la.

Wird se im Haus noch gegrüßt?
Nee.
Habt ihr noch Kredit?
Sense.
Mensch.
Irgendwas zu bestelln?
Sag ihr, daß ich se lieb.
Gemacht.
Tschüß denn auch.
Tschüß.

Trauerfall

Da liecht er nu.
Wozu sind n die Kerzen?
Is feierlicher.
Is der Tod denn n Fest?
Klar. Würden se sonst alle drüben sitzen und essen?
Bier ham se auch.
Gibt Eisbein mit Sauerkraut.
Und Erbspüree.
Mit ne Delle drauf; da is Specksoße drin.
Eigentlich mein Lieblingsgericht.
Oder meins.
Und wieso biste nich drüben?
Weiß nich. Und du?
Kein Appetit.
Mir ham se s verboten.
Was.
Hier reinzukucken.
Mir auch.
Dabei sieht er doch ganz ordentlich aus.
Versteh s auch nich.
Neulich hat er mir noch ne Tüte Bongbongs spendiert.
Was n für welche?
So ne goldnen. Erst kommt Zucker, denn Schokolade.
Lutschste die oder beißte gleich drauf?

’n ersten lutsch ich. Dann halt ich s nich aus.
Versauste dir die Zähne bei; daß de das weißt.
Wo sind n seine?
Seine was.
Seine Zähne.
Du meinst: sein Gebiß.
Ja.
Ham se ihm rausgenomm.
Wieso n das?
Wie er noch n bißchen gelebt hat, hatten se Schiß, er könnt dran ersticken.
Na, aber nu isser doch tot.
Ja.
Da könnten se s ihm ruhig wieder reinmachen.
Haste auch wieder recht.
Wo s ihm doch gehört.
Und besser aussehn tät s auch.
Ja.
Weißte was?
Nee.
Ich glaub, ich weiß, wo se s hingepackt ham.
Los.
Stehste Schmiere?
Na klar.

Schuld

Vielleicht ne Schinderei, kann ich dir sagen.
Was: n Hund spazierenzuführn?
Quatsch; wie n Verräter dazustehn denn.
Vor wem.
Na, vor ihm!
Vor dem Hund?
Mensch, sechsundzwanzig Bäume hat er hier jetz bepinkelt!
Ja und?
Und morgen früh wer’n alle Bäume inne Straße gefällt.

IV

Pappa gibt Auskunft

Papp.
Hm.
Was issen das: 'n Partisan?
  Der liegt im Hinterhalt und schießt auf Soldaten.
Warum.
  Weil er feige ist.
Und n Soldat, der is tapfer?
  Das gehört mit zu seinem Stand.
Is Partisan auch n Stand?
  Nein.
Warum nich?
  Ein Partisan ist ein Zivilist, der schießt.
Is das gemein?
  Und wie.
Das Zivilistsein?
  Unsinn. Das Schießen.
Aber n Soldat schießt doch auch.
  Ein Soldat ist uniformiert.
Wer schießt, muß Uniform tragen?
  Ja.
Damit man s sieht?
  Genau.
Wer soll s n sehn?
  Der Feind.
Und wieso tarnt sich dann n Soldat?
  Zum Schutz.
Gegen wen.
  Gegen den, den er bekämpft.
Bekämpft n Soldat Partisanen?
  Natürlich.
Dann bekämpft n Soldat Zivilisten.
  Zivilisten, die schießen.
Wo lebt n so n Partisan?
  In seinem Land.

Und n Soldat?
  Kommt drauf an.
Auf was?
  Was er für ne Aufgabe hat.
Hat n Partisan keine?
  Hab s dir doch gesagt: Er schießt auf Soldaten!

Kinderspiel

Machste mit?
  Was n?
Rewolutzjohn.
  Wie geht n das?
Steine schmeißen und so.
  Und denn?
Und denn rennste weg.
  Warum.
Na, is doch nu alles kaputt.
  Und wer macht s wieder heil?
Die, wo anne Macht sind.
  Nich die, wo geschmissen ham?
Biste verrückt?!
  Na, die könnten doch jetz was anders machen, nee?
Anders? Wieso.

Dick und dünn

Was schluckst n da, Mamma?
  Abmagerungspillen, mein Kind.
Nich, bist zu fett?
  Sagen wir, ich hab ein paar Pfündchen zuviel.
Na, hau doch nich immer so rein.
  Bitte drück dich ein wenig gewählter aus, ja?
Iß weniger.
  Das geht nicht so einfach.

Warum nich.

Der Körper hat sich an eine gewisse Nahrungsmenge gewöhnt.

Auch der vonne Kinder?

Natürlich. Wenn du zum Beispiel –

Ich red nich von mir.

Sondern?

Von die Kinder im Fernsehn.

Du weißt doch, nachmittags hab ich zu tun.

Mein ja auch nich die Blagen im Kinderprogramm.

Aber von welchen Kindern sprichst du denn dann?

Von den, wo inne Abendschau warn.

Waren da Kinder?

Ja; so dünne, Beine wie Häkelhaken. Jede Rippe haste gesehn.

Nanu.

Und mit n leeren Napf inne Hand.

Komisch. Muß ich nicht aufgepaßt haben.

Doch; hast ja was zu Papa gesagt.

Über die Kinder?

Genau.

Ach. Und was?

›Unverantwortlich, diese Inder!‹

Entwöhnt

Da biste ja wieder.

Merkst auch alles.

Wie war s n?

Beschissen. Kein Stoff mehr und nischt.

Arbeiten müssen?

Ausbeuter sind das. Dabei bin ich erst zwölf.

Worauf ham se n euch da getrimmt?

Daß de n nützliches Glied wirst.

Von was.

Vonne Gesellschaft.

Weiter nischt?

Sport, bis de umfällst.
Essen?
Säuisch.
Ma n Mädel gehabt?
Bloß Vorlagen.
Issen Porno erlaubt?
Quatsch. Reingeschmuggelt.
Und die Aufpasser?
Alles Pfeifen.
Nich n Kumpel mit bei?
Doch, einer. Bloß, den ham se geschaßt.
Nanu.
'n Homo gewesen; da sind se eigen.
Wie war n der Arzt?
Der ging; Tischtennis gespielt wie ne Eins.
Und der Psühschater?
'n Schwachkopp. Ob ich mein Alten schon ma hätt umbringen wolln.
Und –: wolltste?
Kenn n ja ga nich.
Wirst n jetz machen?
Erst ma Penunse.
Und denn?
Sehn, daß ich an Stoff komm.
Hab ich ne Quelle.
Komm drauf zurück.

Schöner wohnen

Mensch.
Was issen?
Wir ziehn um.
Wo zieht ihr n hin?
In was Modernes.
Hochhaus?
Genau.
Wo kuckst n drauf?

Aus was.
  Aus dein Zimmer.
Gibt s nich; bloß sonne Koje.
  Und ausse Küche?
Siehste ne Wand.
  Und aus Schlafzimmer?
Kuckste in n Lichtschacht.
  Und aus Wohnzimmer?
Kein Fenster nich drin.
  Mensch.

Ferien

Wo warst n?
  Spanien.
Is da nich heiß?
  Und wie.
Und warum biste so blaß?
  Dauernd bloß drinne gewesen.
Hotel?
  Polizei.
Nanu.
  Die ham meine Eltern gesucht.
Und? Was war n mit se?
  Die ham sich getrennt.
Wieso n das.
  Zum ersten Mal z u s a m m e n auf Urlaub gewesen.
Na und?
  Und jeder dacht, ich wär beim andern geblieben.

Dritte Etage links

Papp.

Hm.

Was issen mit dem ollen Wühlisch?

Wieso.

Eben bei ihm geklingelt. Kein Aas gerührt.

Du klingelst bei dem alten Herrn Wühlisch?

Na, besorg ihm doch immer, was er so braucht.

Ach.

Also, weißte nu was oder nich.

Der alte Herr Wühlisch ist tot.

Mach kein Quatsch!

Bitte nimm dich gefälligst zusammen.

Mensch, aber er war doch bloß lahm! Vom Im-Rollstuhl-Sitzen stirbste doch nich!

Er ist ja auch nicht im Rollstuhl gestorben.

Wo denn.

Man hat ihn vorm Haus auf der Straße gefunden.

Geht doch ga nich. Drei Treppen! Is ja nie runtergekomm.

Die Polizei hat alles rekonstruiert.

Die Polizei? Woher willst n das wissen?

Haben die Leute erzählt.

Aber s hat n doch gar keiner im Haus mehr gekannt!

Sie haben sich wieder an ihn erinnert.

Bestimmt beim Geraniengießen passiert. Das hat er noch grade gekonnt.

Im Protokoll steht, die Erde in den Geranientöpfen war trocken.

Versteh ich nich. Hat doch so an den Geranien gehangen.

Hat sie ja auch extra vorher beiseitegeräumt.

Vorher? Vor was.

Hat geklingelt. Machst du mal auf?

Wer war s denn?

Die Portiersfrau.

Was hat sie n gewollt?

Mir n Zettel gegeben.

Einen Zettel? Von wem.
Vom ollen Wühlisch.
Nanu. Was hat er n geschrieben?
Bloß ne Zeile.
Und?
Mir seine Geranien vermacht.

Spazierfahrt

Und nu?
Zündschlüssel rum.
Tuckert ganz schön.
Gas is rechts.
Komm nich ran.
Warte, mach ich s.
Fährt nich, das Ding.
Mußt die Handbremse losmachen.
Fährt immer noch nich.
Na, wenn de kein Gang reinnimmst!
Welchen soll ich n nehm?
Welchen de kriegst.
Mann, das war n Hops!
Na bitte: Nu klappt s.

Aufklärung

Mamm.
Ja, mein Junge.
Petting, was issen das?
Das – das ist, wenn man sich anfaßt.
Wenn ich mich anfaß?
Das ist was andres. Das – das ist ungesund.
Wenn ich mich anfaß, is ungesund?
Wenn du dich d a anfaßt.
Wo.

Na, du weißt schon.
Vorn?
Genau.
Ich denk, ich soll mich da immer ordentlich waschen?
Sollst du auch, ja.
Aber wenn das ungesund is?
Doch nicht das Waschen.
Aber wie kann ich mich n da waschen, wenn ich mich da nich anfassen soll?
Natürlich mußt du dich da anfassen beim Waschen.
Eben haste gesagt, wenn ich mich da anfaß, is ungesund.
Nicht, wenn du dich da anfaßt, um dich zu waschen.
Aber sonst?
Ja.
Und wenn ich ma klein muß?
Dann nicht.
Ich denk, sonst ja?
Nicht, wenn du klein mußt.
Und wenn ich n i c h muß?
Dann ja.
Is das dann Petting?
Noch nicht.
Wann denn?
Zum Petting gehörn zwei.
Junge und Mädchen?
Mann und Frau.
Und die fassen sich jeder da an?
Ja. Nein.
Wieso nein?
Also schön: Ja.
Und das is dann n i c h ungesund, nee?
In dem Stadium nicht, nein.
In welchem?
In dem Mann und Frau sind.
Und in welchem sind Jungen und Mädchen?
In einem zu frühen.
In nem zu frühen zu was?
Um sich da anzufassen.
Aber später dürfen sie s dann?

V i e l später, ja.
Ulkig.
Was.
Hertha und mir macht s heute schon Spaß.

Eskalation

Komm ran.
Komm du doch ran.
Du sollst rankomm!
Selber.
Feiger Hund.
Penner.
Nulpe.
Tüte.
Flasche.
Kacker.
Scheißer.
Arschgesicht.
Wind-Ei.
Pfeifenkopp.
Eckenpisser.
Stinkstiebel.
Drecksack.
Saustück.
Mistschwein.
Muttersöhnchen.
Das nimmste zurück!
(Keilerei.)

Ungenau

Was machst n da?
  Ich angel.
Was angelst n?
  Na, Fische.
Haste schon welche?
  Nee.
Woher willst n dann wissen?

Feiertag

Papp.
  Hm.
Wieso hast n heut frei?
  Siebzehnte Juni.
Is n da los?
  Da ist der Aufstand in der Zone gewesen.
In welche Zone?
  In Mitteldeutschland.
Wo issen das?
  Na, hinter der Oder!
Ach, inne DDR.
  Also schön.
Wer issen da aufgestanden?
  Unsre Brüder und Schwestern.
Aber Onkel Karl und Tante Erna, die sind doch hier.
  Ich mein das Volk.
’s ganze?
  Das drüben.
Also s halbe.
  Nicht das ganze halbe.
Bloß n paar?
  Paar m e h r schon.
Wer denn nun!
  Na, die Arbeiter.
Was ham die n gewollt?

Mehr Freiheit.
Und?
Der Aufstand wurde niedergeschlagen.
Und wieso hast d u dann heut frei?

Einspruch

Also, ich hätt s ja anders gemacht.
Anders als wer.
Als der Dings.
Als welcher Dings.
Na, der Christus.
Mit dem kann man sich nicht so einfach vergleichen.
Warum nich.
Er war Gottes Sohn.
Is n Sohn n Geschöpf?
Natürlich.
Bin ich Gottes Geschöpf?
Selbstverständlich.
Wieso kann ich mich dann mit dem Dings nich vergleichen?
Du weißt nicht, was dir vorherbestimmt ist.
Der Dings, der hat das gewußt?
Ja.
Auch, daß es so dicke kommt?
Auch das.
Warum isser n dann nich untergetaucht?
Ich sag doch: Weil er eine Aufgabe hatte.
Wie kann ich ne Aufgabe erfülln, wenn ich mich kaputtmachen laß?
Sein Tod hat m i t zu seiner Aufgabe gehört.
Ich denk, er hat was Neues verkündet und Wunder getan.
Ja.
Und warum hat er das dann nich heimlich gemacht?
Wenn man heimlich predigt und heimlich Wunder vollbringt, erfahren s zu wenig.
Aber nich, wenn man Ausdauer hat und alt genug wird.

Kinderspiel

Was sitzt n hier auf m Damm?
  Wir spieln ›Arbeitgeber‹.
Wir?
  Die andern sind in n Kanalschacht gekrochen.
Und du?
  Deckel draufgemacht wieder.
Und nu?
  Nu wart ich.
Worauf.
  Ob se mit die Arbeit, wo ich ihnen gegeben hab, was anfang könn.
Woran merkst n das?
  Wenn Kloppzeichen komm.
Und wenn nich?
  Sind se entlassen.

Bekanntschaft

Wieso hast n keine Arme?
  Hab ja welche.
Bloß, die sind künstlich.
  Funktioniern aber prima.
Mach ma was.
  Da.
Mensch. Tatsache.
  Sag ich doch.
Was issen, wenn de hinfällst?
  Steh ich wieder auf.
Kannste rennen mit den Dingern?
  Klar.
Los, krieg mich ma.
  Mußt richtig rennen.
Wie richtig.
  Na, schnell.
Tu ich doch.

Nee.
Nanu.
Du nimmst Rücksicht.
Biste beleidigt?
Wieso n?
Denn noch ma.

Verhör

Und wieviel wart ihr?
Drei Mädels, vier Jungs.
Alter?
Einer war neun.
Und die andern?
Zwölf, dreizehn.
Namen, Adresse?
Fehlanzeige, Herr Kommissar.
Wer hat Schmiere gestanden?
'n Mädel; doch klar.
Und wie seid ihr rein?
Auffe Mauer, Oberlichtfenster, und Flur.
Und die Stahltür vorm Lager?
Laschen abgeschraubt vonne Angeln; rausgehoben, das Ding.
Wo habt ihr n das her?
Gelernt is gelernt.
Fernsehn, stimmts?
Chef, sind wir Laien?
Also?
Feuerwehrvorschrift für Warenhausbrände.
Hm.
Kann ich noch was für Sie tun?
Wer hat n euch den Tip mit den Pelzen gegeben?
Börsenbericht.
Noch mal.
Nich gelesen? Pelze ziehn an.

Schwer und leicht

Wieso humpelst n?
  Gelesen.
Davon humpelste?
  Ja.
Wie n das?
  Nich aufgepaßt.
Schweres Buch?
  Comic-Heft.
Was –: auf n Zeh gefalln?
  Quatsch; Fuß eingeschlafen.

Unsterblichkeit

Warum redet ihr eigentlich nie über Luzie?

Sieh mal, Jungchen, die Sache ist so.

Laß mich ihm das mal klarmachen, Frau.

Na, denn schieß ma los.

Zunächst darf ich dich bitten, bei einem Gespräch über dein verstorbenes Schwesterchen den gebührenden Ernst aufzubringen.

Wieso muß ich ernst sein, wenn wir uns n Schlag über Luzie erzähln?

Hör mal. Schließlich ist dein kleines Schwesterchen tot.

Ham wir uns manchma kaputtgelacht über Luzie oder nich?

Du bist wirklich unmöglich!

Da –: Jetzt hast du doch tatsächlich deiner Mutter die Tränen in die Augen getrieben!

Wieso heulst n, Mamm?

Laß nur, schon gut.

Mutter weint, weil du herzlos bist und alte Wunden aufreißt.

Ach, dann war da irgendwo was verheilt?

Allerdings.

Nanu. Wie kann n was heilen, was tot is?

Der Vater meint das ja auch nur im übertragenen Sinn.
Wieso überträgste n das erst? Kannste nich s o an sie denken?
Mir kommen oft genug Gedanken an sie, verlaß dich darauf.
Woher willst n w i s s e n, daß es genug sind? Redst ja nie drüber!
Ich rede nicht darüber, weil ich Mutter nicht wehtun will.
Danke, Karl.
Wofür bedankst n dich, Mamm? Dafür, daß er Luzie verschweigt?
Dafür, daß Vater mir hilft, sie ruhen zu lassen
Und dafür hat se gelebt?

Freundinnen

Verdammt. Schon wieder ne Fünf.
In was n?
Immer s selbe: Latein.
Aber auch n mieser Molch, dieser Müller.
Kann ich dir sagen.
Wir ham ihn in Mathe.
Und?
Na, genauso: ne Fünf.
Abschießen müßt man den Kerl.
Mit Kußhand. Bloß wie?
Findste nich auch?
Was.
Eigentlich sieht er doch fies genug aus.
Wozu.
Daß man ihm n paar unsittliche Berührungen anhängen könnt.
Mensch –! D i e Idee!
Los: Du heute zum Direx, ich morgen.
Gemacht.

Die Neue

Sie, Frollein.
  Was ist.
Warum ham Se n sich das gefalln lassen?
  Hab ich mir was gefallen lassen?
Im Unterricht eben. Hab Sie doch ganz schön fertiggemacht.
  Ja? Gar nicht so richtig gemerkt.
Aber ham doch jedenfalls irre gewiehert, die andern.
  Stolz drauf?
Nu ja –
  Legt sich auch wieder, wetten?
Was.
  Daß du n starken Mann markierst hier.
Woher wolln Se n das wissen?
  Na, ich denk, hast nicht viel von, wenn ich s den andern erzähl.
Wenn Sie den w a s erzähln?
  Daß es dir keinen Spaß gemacht hat, mich zu verschaukeln.
Sollten Se mir aber vielleicht doch erst mal lieber beweisen.
  Na, wärst du sonst jetzt zu mir gekommen?
Gewonnen.

Nachhall

Heut hatten wir n Dichter.
  Wie: Aus m Buch?
Nee, richtig.
  Was hat er n gemacht?
Reklame für sich.
  Was n noch?
'ne Diskussion hinterher.
  Hinter was?
Hinter der Lesung.

Was hat er n gelesen?
Dauernd sich selber.
Und sonst?
Autogramme gegeben.
Wem.
Den Deutschpaukern. Dem Direx.
Und dann?
Ham se n ins Lehrerzimmer gebracht.
Und?
Da hat er kassiert.
Na ja, muß a u c h leben, so n Mann.
Nischt gegen zu sagen.
Und wieso biste so kiesig?
Wegen dem Aufsatz.
Was n für n Thema?
Rat ma.

Laubenkolonie

Verdammter Bengel!
Nu werfen Se ma nich so n Schatten, Mutter.
Du hast an meine Blumen gepißt!
Na, kucken Se sich das Dörrgemüse doch an.
Das sind meine Blumen! Die gehn keinen was an!
Da irrn Se sich aber; Umweltschutz is ne Sache für alle.

Pappa erklärt

Papp.
Hm.
Opfer unter der Zivilbevölkerung, was issen das?
Sagen wir mal, wenn eine Bombe auf ein Wohnhaus fällt.
Aber n Opfer, das wird doch gebracht.

Wie –: das versteh ich nicht.

Na, ich bring n Opfer. Ich verzicht auf was.

Ach, so meinst du das.

Ja.

Das hat sich im Sprachgebrauch ein bißchen verschoben.

Aha.

Nicht, du verstehst?

Ja. Die Zivilbevölkerung verzichtet auf ihr Leben. Dann is das n Opfer.

So mußt du das nicht sehn.

Wie denn.

Der Zivilbevölkerung passiert ja was. Verzichten, das ist freiwillig.

Aber kann denn n Opfer passiern?

Nein; aber den O p f e r n kann was passiern.

Nanu. Sind se denn g l e i c h Opfer?

Wieso.

Ich denk, Opfer sind se erst, wenn was passiert is?

Also schön.

Bloß, wenn verzichten freiwillig is, wieso verzichten se dann nich auch gleich drauf, daß man se opfert?

Kinderspiel

Machst n mit der?

Hier, mit der Maus?

Ja.

Die wird ersäuft.

Warum n das?

Die hat spioniert.

Für wen.

Für n Ostblock.

Hat se gestanden?

Nee.

Woher weißt n?

Die is überführt.

Auf frische Tat?
Was heißt n hier ›Tat‹.
›Tat‹ heißt, daß se was angestellt hat.
Angestellt hat se eigentlich nischt.
Und wie kommste dann auf Spionage bei der?
Haussuchungsergebnis.
Nanu.
Unser Dackel hat ihr Nest ausgebuddelt.
Ja und?
War n Schnipsel von s ›Neue Deutschland‹ mit drin.

Mamma möchte gern

I.
Mamm.
Ja.
Was bist n so kribblig?
Bin ich kribblig?
Und wie.
Ist man eben manchmal.
Möchtste weg?
Wie kommst du denn darauf?
Weil de neulich gesagt hast, hättst s satt.
Den Haushalt, ja.
Stimmts: Hättst lieber n Beruf?
Unsinn.
Und warum haste zu Papp dann gesagt, er nutzt dich bloß aus?
So was fährt einem mal raus.
Und warum hat Papp gesagt, du wärst ne blöde Emanzipierte?
Schön wär s.
Was.
Wenn ich emanzipiert wär.
Heißt n das?
Emanzipiert?
Ja.

Emanzipiert wär ich –
– wenn de unabhängig wärst?
Genau.
Und ausgefüllt?
Ja.
So richtig zufrieden?
Stimmt.
Papp hat n Vogel.

II.
Mamm.
Ja.
Und warum machste s dann nich?
Was.
Dich emanzipiern.
Müßt man auf zuviel verzichten.
Nanu. Auf was n?
Zum Beispiel auf Geborgenheit.
Was verstehst n dadrunter?
Daß ich weiß, wo ich hingehör.
Weißte das denn?
Ich denk, daß ich s fühl.
Entweder man denkt oder man fühlt.
Nicht, wenn man unsicher ist.
Wenn de unsicher bist, kannste aber doch auch nich wissen, was Geborgenheit is.
Wissen nicht; aber ahnen.
Kennt man denn, was man ahnt?
Eben nicht.
Und wie kannste dann Angst haben, auf was zu verzichten, das de nich kennst?
Hab ich denn Angst?
Na, Mumm jedenfalls nich.
Alle?

Stille Nacht

Alle unter zwei Jahren.
In der ganzen Stadt?!
Und in der Umgebung.
Bloß wegen dem einen?
Man hat gedacht, der wäre dabei.
Und dem is davon später nich mulmig geworden?
Mulmig? Wieso.
Na, hat er schuld am Tod von all den kleinen Jungs oder nich?
Aber die hat doch der Herodes umbringen lassen!
Wär nie passiert, hätt sich der Josef gestellt.
Aber dann wär doch Christus umgebracht worden!
Na und? Doch besser einer, als tausend.
Verstehst du denn nicht: Christus mußte doch leben!
Und wie konnt er das mit soviel toten Jungs auf'm Gewissen?
Er hat die Liebe gelehrt; die hat das verklärt.
Und die Liebe von all den Eltern zu ihrn Jungs, die man für ihn totgemacht hat: was war mit der?
Gottes Liebe zu diesen Kindern ist größer gewesen. Er hat sie als Märtyrer zu sich gerufen.
Wie kann er n das? Die hatten doch gar nischt mit Christus zu tun! Die wollten doch leben!
Du mußt das nicht so engherzig sehn.
Ach. Und was hättste gemacht, wenn ich damals mit kaputtgemacht worden wär? Hättste den Christus dann auch so verteidigt?

V

Auf dem Schulhof

Endlich ma n schönes Wochenende gehabt!
Rausgefahrn?
Bei d e m Betrieb?
Was im Fernsehn gewesen?
Mach n Punkt!
Gelesen?
Längst alles durch.
Mensch, aber was hast n dann gemacht?
Meine Eltern gepflegt.
Sind se krank?
Nich direkt.
Überarbeitet, stimmts?
Gegenteil; ganzen Freitag gekabbelt.
Worum ging s n?
Wasse mit s Wochenende anfang solln.
Und?
Meine Mutter hat ins Kino gewollt. Mein Vater wollt kegeln.
Kenn ich. Hat s Zunder gegeben?
Und wie.
Viel zu Bruch?
Phantastisch: Auf n Transistor getreten, Fernseher runtergefalln, Plattenspieler im Eimer.
Und denn?
Denn hatt ich se beide für mich.

In der Beichte

Und denn hab ich einfach gedacht: Gott, soll er doch verrecken, der Kerl.

So denkst du von deinem leiblichen Vater?

So denk ich von ihm, weil er n Hundesohn is.

Ich verbiete dir, an dieser Stätte derart zu reden!

Denn eben nich.

Du bist böse. Du bist aufsässig und verstockt.

Na und.

Dein Vater hatte einen Erstickungsanfall. Und du hast ungerührt im Nebenzimmer gesessen.

Genauso sieht s aus.

Das ist ungeheuerlich. Hat er dich gesehn?

Klar.

Konnte er reden?

Bißchen.

Was hat er gesagt.

Na, daß ich m helfen sollt und so n Kokelores.

Du hast eine Todsünde begangen. Ist dir das klar?

Ham Se mein Alten gekannt?

Es geht hier um dich.

Sie ham keine Ahnung ham Sie.

Weißt du, was unterlassene Hilfeleistung ist?

Wissen Se, was n Schwungradriemen is?

Was hat das damit zu tun.

Mit dem hat er Mutter und uns immer verhaun.

Aber jetzt liegt dein Vater im Sterben.

Endlich, ja.

Versöhn dich mit ihm.

Denk ga nich dran.

Aber Sterben ist schwer.

Hört auch ma auf.

Das Leben auch.

Erst ma bloß seins.

Aber dann ist es zu spät.

Ja, früher wär besser gewesen.

Nimm das zurück!

Schon mal krankenhausreif geschlagen worden, Herr

Pfarrer?
Man muß verzeihen.
Man muß überhaupt nischt. Wenn mein Alter uns kujoniern kann, kann ich n dafür auch hassen.
Haß soll man überwinden.
Kenn die Platte.
Denk an Gott; er verzeiht auch.
S e i n schlechtes Gedächtnis, nich meins.

Trost

Denkste, ich komm mal zum Lernen?
Geht s dir wie mir.
Entweder n Haushalt oder die Bälger.
Und die Alten kloppen Skat oder sehn fern.
Oder se bumsen.
Bumsen stört noch am wenigsten. Denn schikaniern se ein wenigstens nich.
Schön, wenn s ne Weile dauern würd. Aber worauf sollst n dich inne Viertelstunde schon konzentriern?
Meine penn immer hinterher. Denn schick ich die Görn auf n Hof. Da schaff ich wenigstens Mathe.
Wenn ich Zeit hätt für Mathe, käm ich vielleicht grade noch durch.
Ich bleib so oder so häng. Aber schließlich, Mathe kannste ja immer gebrauchen.
Sag ich vom Haushalt auch. Schließlich, geheirat wirste ja doch.
Genau. Umsonst is nischt.

Unfall

Heut ham se ein dotgefahrn. Vor meine Augen.
Und?
Opel Rekord gewesen; Automatic, neustes Modell.

Schiedsrichter

Nu hört ma gut zu.

Du misch dich hier nicht rein!

Na, n bißchen hab ich doch a u c h mitzureden, wenn ihr euch trennt.

Heini hat recht.

Typisch. Stimm du ihm nur bei.

Stop. Gezankt habt ihr euch jetz genug. Nu ma Tacheles. Eltern: Ihr habt euch satt.

So kannst du das nicht sagen.

Ihr habt euch über.

Wir leben aneinander vorbei.

Ja. Wir leben wie zwei Junggesellen zusammen.

›Zusammen‹ ist gut.

Mamm, kriegst n Tadel. Papp: Haste alt werden wolln mit deine Frau oder nich?

Tja, Junge, wenn du mich so fragst –

Ja oder nein.

Doch.

Aha. Mamm: Haste bisher Angst ham müssen vorm Alleinsein oder nich?

Innerlich bin ich schon lange allein.

Allein is man a u ß e n. Nimm an, kommst vonne Arbeit zurück: Kalte möblierte Bude; kein Heini, kein Pappa; und das jeden Tag.

Um Gottes willen, hör auf!

Sofort. Bloß eben schnell noch ne Frage, Eltern: Hab euch mindestens schon fuffzigmal zum Kotzen gefunden und übergehabt. Hab ich mich deshalb von euch getrennt?

Krieg und Frieden

Dir hau ick n Schädel ein.
  Mach doch.
Wirst schon noch sehn.
  Sach Bescheid.
Kannste dir druff valassen.
  Wann denkst n so?
Varrickt, wat? Dette mir festlejen duhst!
  Feichling.
Hat n det mit Feichling zu duhn?
  'ne Menge.
Paß bloß uff, sar ick dir.
  Mecht ick ja. Aba duhst mir ja nischt.

Pappa irrt

Papp.
  Hm.
Hab n Foto gesehn.
  Was war n drauf?
Kinder.
  Und? Was haben sie gemacht?
Gebrannt.
  Du meinst: Ein Feuer gemacht.
Ich mein: gebrannt.
  Kinder können doch nicht brennen!
Die können.
  Schön. Im Märchen vielleicht.
Vietnam is aber keins.

Auf dem Schulweg

Endlich.
   Was.
Ich hab se.
   Wen.
Die Periode.
   Na bitte.
Vielleicht verrückt gespielt, meine Mutter.
   Typisch.
Wasch da friedlich mein Laken aus, kommt se dazu.
   Die seh ich. Augen aus m Kopp gequolln, was?
Dacht, die kippt aus n Latschen, die Frau.
   Die kapiern einfach nich, daß ma keine Göre mehr is.
Hat deine sich auch so angestellt, wie de se s erste Mal hattst?
   Gebrüllt wie ne Irre: Also, zu ihre Zeit, da hätt s so was n i c h gegeben.
Und s wär einfach schamlos, mit zwölf schon die Regel zu kriegen.
   Als ob w i r was für könnten, daß die sonne Spätzünder warn!
Neid; weiter nischt.

Heilgymnastik

Da kommt se wieder, die blöde Glucke.
Hängt ei'm zum Hals raus mit ihr'm Getue.
   Na, Kinderchen, wie geht s uns denn heut?
Wie s I h n e n geht, intressiert hier kein; u n s geht s beschissen.
   Aber wie redest du denn?
Wir reden, wie uns zumut is.
   Ich bitt euch: So n schöner Tag heute draußen!
Was nützt n uns der?
   Wir wollen jetzt turnen; dann sollt ihr mal sehn, wieviel Spaß euch das macht.

Abschießen sollt man die.
Bitte, was sagst du da?
›Abschießen‹ hab ich gesagt.
Seid lieb. Wir wollen doch zusammen arbeiten, nicht?
Wir wolln überhaupt nischt.
Doch; ihr wollt eure Übungen machen.
Sie meinen: Wir m ü s s e n se machen.
Ja; weil ihr wieder gesund werden wollt.
Erst ma könn vor Lachen.
Ihr habt alle die Möglichkeit; es liegt auch an euch.
Noch so n verdammter Quatsch, und der fahr ich mein Rollstuhl in n Bauch.
Kinder, laßt mich nicht streng werden, nein!
Los, laßt se streng wer'n; hat se auch was vom Leben.
Werden Se streng, Frollein, hopp.
Also bitte, wir wollen das vergessen. Wenn ihr mögt, wir können auch rausgehn und draußen die Übungen machen.
›Wir‹ hat se gesagt.
›Gehn‹ hat se gesagt.
Hat zwei gesunde Beine unterm Arsch und redet von ›wir‹!
Also, nun ist Schluß! Noch so ein Wort –
›Arsch‹, Frollein, ham Se gehört?
›Gesund‹, Frollein.
›Wir‹, Frollein.
Ich glaub, im Therapie-Raum ist die Wandtafel frei; ihr könntet auch zeichnen.
Nach de Natur, Frollein? Bitte, was issen n Wald?
Oder nach de Phantasie, Frollein? Denn schwing wir uns zu nem piko piko Höhnflug auf.
Ihr seid die schrecklichsten Kinder, die ich je hatte.
›Hatte‹ –: Das is n Wort.
So, die sind wir los.

Manöverkritik

Schick, so n Panzer, nich?

Gehste aber am Stock, wenn de dem unter de Gleitketten kommst.

Wetten, daß de ganz schön Schlag bei n Mädels hast in so m Ding?

Bloß, im Frieden machste da ja nur Flurschaden mit.

Na ja, Krieg müßt natürlich schon sein.

Wirklichkeit

Was liest n da?

Umweltgeschichten.

Is n das?

Geschichten, wo Fabrikschornsteine drin vorkomm.

Weiter nischt?

Na, und der Dreck, den se machen. Und Fernsehn und Supermarkt. Und Baustelln und so. Auch ma n Auto-Unfall.

Is spannend?

Nee.

Und wozu lieste das dann?

Mein Alter sagt, sind meine Probleme, da drin.

Was hast n für welche?

Manchmal bin ich stinktraurig.

Geht s dir wie mir.

Dann denk ich so über de Welt nach. Daß se nich mehr allzulang macht.

Genau.

Nimm ma Vietnam. Hab da n Ding inne Abendschau gesehn, da schlackerste mitte Ohrn, sag ich dir.

Das mit den alten Mann, den se am Bart ziehn und haun ihm n Gewehrkolben ins Kreuz, weil er nich reden will?

Nee. Das mit den Mädchen, wo ihrn totgeschossnen klein Bruder wegschleift. Hab die halbe Nacht gekotzt hinterher. Und träum auch noch dauernd von ihr.

Scheiße.

Kann ich dir sagen.

Wo se doch die Grausamkeiten aus m Fernsehn nu rausnehm wolln.

Als ob die bloß da wärn. Die sind inne freie Natur.

Und in dein Buch?

Da kommt so n Idiot unters Auto, weil er die Verkehrsregeln nich kann.

Dot?

Noch nich ma; bloß Beinbruch.

Was issen mit Liebe?

Fehlanzeige.

Ich mein nich gleich bumsen. Bloß so.

'n Italienermädchen is frühreif –

Stimmt; die ham schon ganz schön was auf m Kasten.

– und so n blöder Blonder, der kann das Mädel nich leiden.

Und? Scheuert se ihm eine?

Nee. Befreundet sich mit seine Schwester. Denn machen se ne Radtour zu dritt.

Und nu findt der das Italienermädel auf einmal piko und propper.

Nanu? Woher weißt n?

Getippt.

Da siehste.

Machst n nu mit dem Buch?

Na, auslesen; logisch.

Biste verrückt?

Wieso? Mein Alter, der fragt mich doch ab.

Vorschuß

Du sagst, daß de jetzt berufstätig bist?

Ab nächste Woche, ja.

Und was is mit Papp?

Der hat sich von uns getrennt.

Is aber schade.

's geht.
Wo is er n hin?
Zu ner andern.
Is die lieber als du?
Dazu bist du noch zu jung, um das zu verstehn.
Aber traurig darf ich da doch schon drüber sein?

Grabpflege

Gib mal die Harke rüber.
Da haste das Ding.
Das heißt ›bitte‹.
Ich denk, das heißt Harke.
Werd nich frech. Rupf lieber das Unkraut raus.
Sieht doch ganz kahl aus dann.
Aber ordentlich.
Ordentlich kahl, ja.
Eine Grabstätte ist kein Gartenbeet, merk dir das.
Dabei is er immer ganz verrückt nach Radieschen gewesen.
Du solltest wirklich mehr Achtung vor deinem Großvater haben.
Ich hab mehr auf ihn achtgegeben wie ihr alle zusammen.
Das heißt ›als‹
Deswegen stimmts *doch*.
Man widerspricht nicht, wenn s um s Andenken von nem teuren Toten geht.
Opa war doch nicht teuer! Hat ja sogar s Altersheim von seiner Rente bezahlt!
›Teuer‹, das hat mit Liebe zu tun.
Und Liebe erst mit m Tod?
Wie kannste so reden!
Ich denk dran, wie ihr n Opa immer rumgestukt habt.
Er war n bißchen eigen; das ist alles gewesen.
Er war nich eigen, er hat euch gestört.
Er hat s phantastisch getroffen, da in dem Heim.

Und wie er drei Monate drin war, da wollte er nich mehr.
Er wär auch zu Hause gestorben.
Bloß später.
Wie willst n das wissen!
Na, wo ich ihm doch die Tabletten besorgt hab.

Aussichtslos

Sie.
Meinst du mich?
Warum.
Na, hast mich doch angesprochen!
Wieso fragen Se n dann.

Kinderspiel

So. Die wird gekillt.
Die Puppe? Hat se n gemacht?
Mit m Vietkong kollabriert.
Na, aber h a t doch schon n Loch inne Brust!
Doch bloß für s Tomatenkätschopp gewesen.

Ich bin ein Berliner

I.
Papp.
Hm.
Die Amis –
Sag: Amerikaner.
– die ham euch gerettet, sagste?
In der Berliner Blockade, ja.
Is ja ulkig.
Wieso ist das ulkig.
Na, im Krieg habt ihr von ihnen doch Senge gekriegt.
So was muß man vergessen können.

Sagste nich immer, da isses um Deutschland gegang?
Stimmt.
Und worum ging s in Berlin?
Da stand die Freie Welt auf dem Spiel.
Is n die soviel kleiner wie n Land?

II.

Papp.
Hm.
W a s ham die abgeschmissen, die Amis, inne Blockade –: Bonbons?
Ja, stell dir vor. Für die Kinder.
Mußte mir helfen.
Wobei.
Mir vorzustelln, daß es Bonbons warn.

III.

Papp.
Hm.
Wer hat n die Blockade gemacht?
Die Kommunisten.
Warum.
Die wollten, die Westberliner sollten verhungern.
Wegen der Freiheit?
Weil wir die verteidigt haben, genau.
Is n halbes blockiertes Land, das seine Freiheit verteidigt, genauso tapfer, wie ne halbe blockierte Stadt, die das tut?
Na, mindestens.
Auch wenn die Amis sie machen?
Wen.
Die Blockade.
Wie kommst du denn darauf?
Ich denk an Nordvietnam.
Aber das sind doch Kommunisten da!
Ham Kommunisten auch Hunger?
Was soll das.
Ich frag bloß.

Lebenskunde

Herr Lehrer.
  Was ist.
Warum muß ma eigentlich sterben, wenn ma alt is.
  Weil das Alter der Jugend Platz machen muß.
Und wieso is s dann inne Straßenbahn umgekehrt?

Aneignung

Ich war in nem Heim, sagste?
  Ja.
Und meine Alten natürlich sich dünne gemacht.
  Deine Eltern hatten zuviel zu tun.
Und warum habt ihr mich rausgeholt da?
  Du hast uns gefallen.
Ich denk, ich war noch ganz klein.
  Anderthalb Monate, ja.
Da sehn se doch alle egal aus, die Görn.
  Aber wir wollten d i c h .
Und warum habt ihr euch nicht selber 'n Baby gemacht?
  Ging nicht.
Wieso.
  Der Liebe Gott hat s nicht gewollt.
Hat n der da auch mitgemischt?
  Der ist immer dabei.
Und m i c h hat er gewollt?
  Selbstverständlich.
Flickschuster.

Die Schwierigkeit jung zu bleiben

Hier, der hat sich an kleine Jungs rangemacht, Herr Wachtmeister, der olle Zausel!
Sie Strolch, Sie! Was ham Se mit den Kindern gemacht?!
Ich hab mit ihnen gespielt.
Ja s Neueste: so n Knacker spielt mit kleine Jungs im Sandkasten rum!
Die kennt man, die Spiele.
Ausmerzen muß ma so einen.
Darf man sich nich wundern, wenn unsre Jugend verdirbt.
Los, komm mal her, Junge: Was hat der Mann hier mit euch gemacht?
  Ne Burg hat er baun wolln mit uns.
So fängt s an.
Und weiter?
  Denn hat er uns von seine Kindheit erzählt.
Mit Speck fängt ma Mäuse. Typisch.
Reden Se nich dauernd dazwischen.
Nu nimmt die Polizei auch noch n Lustgreis in Schutz!
Bei Adolf wär so was n i c h passiert, wetten?
Also, von seiner Kindheit hat er erzählt.
  Ja. Und dabei ham wa Kuchen gebacken.
Was denn: Er mit?
  Na, wo doch ne Burg so viel Platz braucht.
Der Mann is reif.
Ruhe. Sie, was ham Se dazu zu sagen.
Daß ich s aufrichtig bedaure, daß ne Burg nicht in n Sandkasten paßt.
Aber Sie könn doch nich einfach die Kinder anquatschen!
Wenn ich ne Burg bauen möcht –: Warum eigentlich nicht?

Umstrukturierung

Was möchtst n ma werden?
  Alt und stinkreich.
Und denn.
  Gründ ich ne Gewerkschaft.
Für wen.
  Für all die olln Leutchens.
Was ham die n davon?
  Na, könn streiken zum Beispiel.
Wie soll n das gehn?
  Besetzen die Kindergärten.
Und die Kinder da drin?
  Wer'n inne Altersheime gestoppt.
Was willst n damit erreichen?
  Mehrheitsverhältnisse inne Familjen.
Wofür.
  Daß Altwerden Spaß macht.

Am Ziel

Hast du ne Ahnung, was ma hier soll?
  Wo.
Na auffe Welt.
  Logisch: Großwer'n.
Und denn.
  Verdien.
Für wen.
  Für deine Kinder.
Und was solln d i e ?
  Verdammt.

Werke von Wolfdietrich Schnurre

Die Rohrdommel ruft jeden Tag. Erzählungen. Witten/Berlin 1950. Vergriffen.
Sternstaub und Sänfte. Aufzeichnungen des Pudels Ali. Mit Illustrationen des Autors. Berlin 1951. Vergriffen.
Kassiber. Gedichte. Frankfurt am Main 1956
Protest im Parterre. Fabeln. Mit Illustrationen des Autors. München 1957.
Abendländler. Satirische Gedichte. Mit Illustrationen des Autors. München 1957.
Eine Rechnung, die nicht aufgeht. Erzählungen. Olten und Freiburg 1958. Vergriffen.
Als Vaters Bart noch rot war. Ein Roman in Geschichten. Mit Illustrationen des Autors. Zürich 1958.
Das Los unserer Stadt. Eine Chronik. Olten und Freiburg 1959. Vergriffen.
Man sollte dagegen sein. Geschichten. Olten und Freiburg 1960. Vergriffen.
Berlin – eine Stadt wird geteilt. Bilddokumentation. Olten und Freiburg 1962. Vergriffen.
Die Aufzeichnungen des Pudels Ali. Durchgesehene und überarbeitete Ausgabe. Mit Illustrationen des Autors. Olten und Freiburg 1962.
Funke im Reisig. Erzählungen. Olten und Freiburg 1963. Vergriffen.
Schreibtisch unter freiem Himmel. Polemik und Bekenntnis. Olten und Freiburg 1964. Vergriffen.
Ohne Einsatz kein Spiel. Heitere Geschichten. Mit Illustrationen des Autors. Olten und Freiburg 1964. Vergriffen.
Kassiber/Neue Gedichte. Frankfurt/M. 1964. Vergriffen.
Die Erzählungen. Olten und Freiburg 1966. Vergriffen.
Was ich für mein Leben gern tue. Hand- und Fußnoten. Mit Zeichnungen des Autors. Neuwied 1967. Vergriffen.
Schnurre heiter. Mit Zeichnungen des Autors. Olten und Freiburg 1970.
Der Spatz in der Hand. Fabeln und Verse. Mit Zeichnungen des Autors. München 1971.

Der wahre Noah. Ein Logbuch. Mit Illustrationen des Autors. Zürich 1974.
Eine schwierige Reparatur. Düsseldorf 1976.
Ich brauch Dich. München 1976.
Erzählungen 1945–1965. München 1977.

Kinderbücher von Wolfdietrich Schnurre

Die Zwengel. Mit Illustrationen des Autors. Baden-Baden 1967. Vergriffen.
Ein Schneemann für den großen Bruder. Mit Illustrationen von Marina Schnurre. München 1968. Vergriffen.
Gocko. Mit Illustrationen von Marina Schnurre. München 1969.
Die Sache mit den Meerschweinchen. Mit Illustrationen von Marina Schnurre. Recklinghausen 1970. Vergriffen.
Die Wandlung des Hippipotamos. Mit Illustrationen des Autors. Reutlingen 1970.
Wie der Koala-Bär wieder lachen lernte. Mit Illustrationen von Marina Schnurre. Zürich 1971.
Immer mehr Meerschweinchen. Mit Illustrationen von Marina Schnurre. Recklinghausen 1971. Vergriffen.
Der Meerschweinchendieb. Mit Illustrationen von Marina Schnurre. Recklinghausen 1971.
Schnurren und Murren. Recklinghausen 1974.

Taschenbücher von Wolfdietrich Schnurre

Eine Rechnung, die nicht aufgeht. List Bücher, Nr. 149, München 1962, und dtv.
Die Blumen des Herrn Albin. Aus dem Tagebuch eines Sanftmütigen. List Bücher, Nr. 245. München 1963.
Das Los unserer Stadt. Durchgesehene und überarbeitete Ausgabe. Sonderreihe dtv, Nr. 17. München 1963. Vergriffen.
Als Vaters Bart noch rot war. Mit Illustrationen des

Autors. Ullstein Bücher, Nr. 382. Frankfurt/Main, Berlin, Wien 1963.
Man sollte dagegen sein. Fischer Bücherei, Nr. 628. Frankfurt/Main 1964. Vergriffen.
Spreezimmer möbliert. Hörspiele. Sonderreihe dtv, Nr. 56. München 1967. Vergriffen.
Ohne Einsatz kein Spiel. Mit Illustrationen des Autors. Fischer Bücherei, Nr. 889. Frankfurt/Main 1968. Vergriffen.
Funke im Reisig. Fischer Bücherei, Nr. 1055. Frankfurt/Main 1969. Vergriffen.
Die Zwengel. dtv junior, Nr. 7070. Mit Illustrationen des Autors. München 1972.
Auf Tauchstation. Und 18 weitere Begebenheiten. Mit Illustrationen des Autors. Ullstein Bücher, Nr. 2939. Frankfurt/Main, Berlin, Wien 1973.
Was ich für mein Leben gern tue. Ullstein Bücher, Nr. 3126. Frankfurt/Main, Berlin, Wien 1974.
Ich brauch Dich, Ullstein Bücher, Nr. 3439. Frankfurt/Main, Berlin, Wien 1978.

Elias Canetti

Der Ohrenzeuge

Fünfzig Charaktere

Ullstein Buch 3305

Der Ohrenzeuge
bemüht sich nicht hinzusehen,
dafür hört er um so besser ...
Da sind alle diese modernen
Apparate überflüssig:
sein Ohr ist besser und treuer
als jeder Apparat ...
Der Wortfrühe
spricht auf Schlittschuhen und
kommt Fußgängern zuvor.
Die Worte fallen ihm aus dem
Mund wie taube Haselnüsse.
Der Maestroso,
wenn er sich überhaupt fort-
bewegt, schreitet auf Säulen.
Wo die sich niederlassen,
bildet sich ein Tempel ...

Dies sind nur drei der fünfzig Charaktere, die Canetti geistvoll, knapp und mit zuweilen surrealistischen Bildern beschreibt. Damit greift er eine von Theophrast in der Antike begründete Methode auf und gibt ihr seine eigene moderne Prägung. Fern eingefahrener Wortgleise, nah an Morgensterns Humor, gießt er seine Scharfsicht und Lebenserfahrung in eine überragende stilistische Form, breitet vor dem Leser eine ganze Typenlehre in dichterischen Momentaufnahmen aus.

ein Ullstein Buch

Wolfdietrich Schnurre

Als Vaters Bart noch rot war

Ein Roman in Geschichten
Ullstein Buch 382

»Ganz unpathetisch, am Rande gleichsam, in der Beschreibung eines Kindes, gewinnen die Züge der Großstadt an Profil, die Laubenkolonien und Parzellen, der Malzkaffeeduft und die Bierdünste, die Bezirke der Kammerjäger und Tierpräparatoren und endlich, Wunder und Schrecken zugleich, Tummelplätze zu Füßen der Fabrikschornsteine: Jahrmarktsklänge, Lunapark und Fußballplatz, bevölkert von Originalen aus allen Zonen der Welt.«

Walter Jens, Die Zeit

ein Ullstein Buch

Auf Tauchstation

und 18 weitere Begebenheiten

Ullstein Buch 2939

Erwartet man von einem engagierten Autor »heitere« Geschichten? Nein, aber daß Schnurre sie schreibt, schreiben kann, beweist er in diesem Band: einer mit 24 Zeichnungen des Autors versehenen Auswahl.

Was ich für mein Leben gern tue

Mit 25 Zeichnungen des Autors

Ullstein Buch 3126

Gesammelte autobiographische Hand- und Fußnoten, eindrucksvolle Stimmungsbilder, geistreicher Witz, fast grotesker Humor. Zwei große Themen werden immer wieder aufgenommen: »Was ich für mein Leben gern tue« – die Erfahrung der Freude. »Wo ich traurig gewesen bin« – die Momente des Leidens.

Michail Sostschenko

Schlaf schneller, Genosse!

Sowjetrussische Satiren

Ullstein Buch 12

Die Satiren dieser Sammlung reihen sich gleichwertig an die früheren Meisterwerke russischen Humors wie russischer Gesellschaftskritik – Gogols, Gontscharows und Tschechows – an. Der Vertracktheit der Umstände, der Tücke des Objekts, den menschlichen Schwächen, vor allem aber der unbarmherzig zudringenden Gewalt des Staates setzen sie den gesunden Menschenverstand, eine heitere, gewitzte Gelassenheit entgegen. Aus dieser Begegnung steigt das Lustige, das Groteske in vielen Variationen auf.

ein Ullstein Buch

Michail Sostschenko

Die Stiefel des Zaren

Erzählungen aus dem heutigen Rußland

Ullstein Buch 328

Michail Sostschenko gibt sich zwar als Augenzeuge und Chronist des russischen Alltags, aber zugleich zielt er auf den Krebsschaden der modernen Industriegesellschaft: die Unterwerfung des Menschen unter die technische Apparatur. Das Gelächter, mit dem er eine bürokratische, schlagwortverseuchte Gesellschaft dem Spott und der Verachtung preisgibt, brachten ihm Weltruhm ein.

ein Ullstein Buch